VAINCRE L'INJUSTICE CLIMATIQUE ET SOCIALE

DE LA MÊME AUTEURE

NO LOGO. LA TYRANNIE DES MARQUES, Actes Sud, 2001 ; Babel n° 545.
JOURNAL D'UNE COMBATTANTE. NOUVELLES DU FRONT DE LA MONDIALISATION, Actes Sud/Leméac, 2003 ; Babel n° 692.
LA STRATÉGIE DU CHOC. LA MONTÉE D'UN CAPITALISME DU DÉSASTRE, Actes Sud/ Leméac, 2008 ; Babel n° 1030.
TOUT PEUT CHANGER. CAPITALISME ET CHANGEMENT CLIMATIQUE, Actes Sud/ Lux, 2015 ; Babel n° 1424.
DIRE NON NE SUFFIT PLUS. CONTRE LA STRATÉGIE DU CHOC DE TRUMP, Actes Sud/ Lux, 2017 ; Babel n° 1622.
PLAN B POUR LA PLANÈTE : LE NEW DEAL VERT, Actes Sud, 2019.

Titre original :
How to Change Everything
Éditeur original :
Simon & Schuster, New York

ISBN 978-2-330-14917-8

VAINCRE L'INJUSTICE CLIMATIQUE ET SOCIALE

Feuilles de combat à l'usage des jeunes générations

Naomi Klein
avec Rebecca Stefoff

Traduit de l'anglais (Canada)
par Cédric Weis

ACTES SUD

À la mémoire de Teo Surasky
(2002-2020)
N. K.

INTRODUCTION

À la Grande Barrière de corail

Enfant, j'ai passé beaucoup de temps sous l'eau. À l'âge de 6 ou 7 ans, grâce à mon père, je savais déjà nager avec un masque et un tuba. Ces moments comptent parmi les plus beaux souvenirs de ma vie. J'étais une enfant timide et assez renfermée. Le seul endroit où je n'éprouvais pas cela, où je me sentais parfaitement libre, c'était dans l'eau. Le contact avec la vie océanique m'a toujours fascinée.

Lorsque vous nagez jusqu'à un récif, les poissons se dispersent à votre approche. Mais laissez-vous flotter quelques instants, respirez tranquillement avec votre tuba, et ils finiront par vous intégrer au paysage marin. Vous les verrez même frôler votre masque et les sentirez vous mordiller un bras ou une jambe. Dans ces moments-là, j'ai toujours éprouvé un prodigieux sentiment – comme dans un rêve – de paix intérieure.

C'est pourquoi, lorsque mon travail m'a appelée en Australie, des années plus tard, j'ai tenu à faire vivre à mon fils de 4 ans, Toma, ce même genre d'expérience, et à lui montrer que, sous son aspect plat et uniforme, la surface de la mer cachait un autre monde, plein de merveilleuses couleurs.

Toma venait tout juste d'apprendre à nager et nous étions sur le point d'embarquer pour ma toute première exploration de la Grande Barrière de corail, le plus vaste écosystème du monde – des billions de minuscules créatures coralliennes. C'était l'occasion rêvée.

Nous nous sommes rendus sur le récif avec une équipe de tournage et un groupe de scientifiques en mission. Je n'étais pas du tout certaine de l'intérêt de Toma pour une observation prolongée des fonds marins, mais il en fut émerveillé. Il a "vu Nemo" et un concombre de mer. Je crois même qu'il a aperçu une tortue marine.

Ce soir-là, après l'avoir mis au lit dans notre chambre d'hôtel, je lui ai murmuré à l'oreille : "Aujourd'hui, tu as découvert le monde qui se cache sous la surface de la mer." Il a levé les yeux vers moi, et j'ai compris, à son visage qui s'illuminait, combien il était heureux. Il m'a répondu : "Je l'ai vu." Et à ma joie d'entendre ces mots s'est mêlé un immense chagrin, car je savais qu'au moment où il découvrait la beauté de ce monde, cette beauté s'épuisait.

La Grande Barrière de corail était le lieu le plus étonnant qu'il m'avait été donné de voir. Elle regorgeait de vie. Les tortues marines et les requins passaient nonchalamment devant des coraux où se croisaient une multitude de poissons aux couleurs électriques. Mais elle était aussi la chose la plus effrayante à observer, car de larges étendues de ces récifs – que je n'avais pas montrées à mon fils – étaient déjà mortes ou à l'agonie : de véritables cimetières marins. J'étais justement là, en tant que journaliste spécialiste du changement climatique et de l'environnement, pour en témoigner. Je savais ce qui se passait.

La Grande Barrière avait été victime d'un "blanchiment corallien", un phénomène mortifère qui a lieu chaque fois que l'eau de mer devient trop chaude. Les coraux vivants perdent alors leur couleur et deviennent d'un blanc laiteux et fantomatique. Ils peuvent retrouver leur couleur d'origine si la température de l'eau redescend rapidement. Mais au printemps 2016, celle-ci est restée élevée plusieurs mois d'affilée. Un quart du récif était mort : ne demeurait qu'une matière en décomposition, brune et visqueuse. Et au moins deux autres quarts avaient été touchés, mais dans une moindre mesure.

L'eau de l'océan Pacifique n'a pas besoin de se réchauffer beaucoup pour provoquer la mort massive des coraux de la Grande Barrière. Sa température n'avait augmenté que de 1 °C, mais cela avait suffi pour tuer ou mettre à l'agonie certains de ces récifs.

Les coraux ne sont pas les seules espèces vivantes à être affectées par ce blanchiment. De nombreuses espèces de poissons et beaucoup d'autres créatures ne trouvent leur nourriture ou leur habitat que dans un environnement corallien. À travers le monde, un milliard d'êtres humains environ vivent de poissons dont l'existence dépend entièrement de celle des récifs coralliens. La mort des coraux a des conséquences qui dépassent de très loin leur seul territoire. Malheureusement, ils sont de plus en plus nombreux à succomber, car les températures n'augmentent pas seulement en Australie. Et ce réchauffement général est en train de bouleverser notre planète.

C'est le sujet de ce livre : vous expliquer les tenants et les aboutissants de cette transformation – pourquoi les températures augmentent et, ce faisant, comment elles modifient le climat et nuisent à la planète – et, plus important encore, vous dire ce que nous pouvons accomplir, tous ensemble, pour y remédier.

Notre capacité d'action va bien au-delà de l'engagement individuel consistant à réduire notre empreinte en matière de pollution. Certes, il est important d'agir contre le changement climatique si nous voulons protéger la nature et la planète qui abrite toute vie, mais collectivement, nous pouvons faire davantage.

Les coraux blanchis par le réchauffement de l'eau vont mourir et brunir si l'eau ne refroidit pas. Lorsqu'un récif corallien meurt, tout l'écosystème autour de lui finit par disparaître (ci-dessus).

Le monde sous-marin plein de vie et foisonnant de couleurs d'un récif corallien en bonne santé (ci-contre).

Le changement climatique crée beaucoup d'injustices. Priver la jeunesse d'une planète propre et saine en est une, et non des moindres. Mais l'inégale rigueur avec laquelle il affecte les populations à travers le monde en est une autre, car ce sont souvent les plus pauvres et les plus fragiles qui en souffrent le plus. La question de la justice, ou de l'équité, est donc également au cœur de ce livre : notre réponse au changement climatique doit contribuer à créer un monde non seulement moins pollué, mais aussi humainement plus juste.

Vous, les jeunes, de même que les générations futures, vous n'êtes en rien responsables de la crise climatique, mais vous en connaîtrez et en subirez les pires effets – à moins que nous ne changions les choses.

J'ai écrit ce livre pour vous convaincre qu'un tel changement est possible. Mais alors que j'y mettais un point final, au printemps de l'année 2020, la planète a dû affronter une crise aussi soudaine qu'inattendue : l'apparition d'un nouveau virus, à l'origine d'une maladie – la Covid-19 – qui se transformerait en pandémie mondiale. Le nombre de personnes malades, hospitalisées ou décédées est vite devenu très préoccupant. Afin de ralentir la propagation du virus, des millions de personnes à travers le monde ont dû adapter leur mode de vie, rester confinées chez elles et éviter au maximum de côtoyer leurs semblables. Dans de nombreux pays, les écoles ont fermé, et les enfants ont dû s'habituer à apprendre de chez eux et à vivre séparés de leurs amis.

Nous verrons, à la fin de ce livre, quel enseignement nous pouvons tirer de cette terrible expérience. Mais en lisant les pages qui suivent, gardez bien à l'esprit que le virus n'a pas freiné le changement climatique – ni le mouvement qui s'évertue à le maîtriser.

Ce mouvement est en marche et s'est fixé un objectif : rendre l'avenir équitable et vivable *pour tous*. C'est ce qu'on appelle la "justice climatique". Les jeunes n'en font pas seulement partie, ils montrent aussi la voie. Voulez-vous en être ?

J'espère que ce livre vous aidera à trouver la réponse. Il est là pour vous informer, mais plus encore pour vous inspirer, vous stimuler, vous donner les clés pour agir.

Vous verrez d'abord quelles actions certains jeunes ont déjà entreprises non seulement contre le changement climatique, mais aussi en faveur de la justice sociale (notamment économique, ethnique, entre les sexes). Puis vous apprendrez tout de l'état actuel du climat et des raisons de son dérèglement. Vous pourrez ainsi décider de l'avenir que vous voulez. Vous ne serez pas seul dans cette entreprise. Au fil des pages, vous rencontrerez certains des jeunes militants qui, partout à travers le monde, travaillent à protéger notre planète et à promouvoir la justice climatique.

Les réalités du changement climatique peuvent être effrayantes au premier abord, mais ne vous laissez pas accabler : n'oubliez pas qu'elles ne sont qu'une partie de l'histoire. L'autre – celle qui a soulevé des centaines de milliers de jeunes tout autour de la planète – dépend directement de nos choix. Les grandes révoltes contre le racisme et pour l'action climatique sont la preuve que des millions de personnes aspirent au changement.

Nous pouvons bâtir un avenir meilleur, mais à une condition : être prêts à tout changer.

ITS OUR
it's so bad
the
INTROVERTS

I

OÙ EN SOMMES-NOUS ?

1

Les enfants passent à l'action

Ils ont quitté l'école avec entrain : des flots d'enfants et d'adolescents ont dévalé les rues pour aller envahir les grandes avenues, bientôt rejoints par d'autres flots, chantant, bavardant, vêtus de leur tenue du jour, de l'impeccable uniforme scolaire aux leggings léopard. Ces petits ruisseaux effervescents se sont déversés par centaines, par milliers, par centaines de milliers dans de nombreuses villes du monde.

Combien d'hommes d'affaires ont dû regarder par la fenêtre de leur bureau et se demander – au même titre que celles et ceux qui, dans la rue, faisaient tranquillement leurs courses – ce qui pouvait bien pousser tant d'enfants à quitter leur école et à mettre la ville en ébullition. Les pancartes, pourtant, étaient assez éloquentes.

À New York, parmi les 10000 manifestants, une jeune fille brandissait une peinture qui représentait des bourdons voletant au-dessus de fleurs et d'animaux sauvages. Le motif était réjouissant, mais les mots qui l'accompagnaient l'étaient beaucoup moins : "45 % DES INSECTES SONT MORTS À CAUSE DU CHANGEMENT CLIMATIQUE. 60 % DES ANIMAUX ONT DISPARU AU COURS DES 50 DERNIÈRES ANNÉES." Au centre, elle avait peint un sablier dont les grains avaient presque fini de s'écouler.

Ce jour de mars 2019 a été le premier d'un mouvement mondial de "grève des écoles" pour le climat.

QUAND LES ÉCOLIERS SE METTENT EN GRÈVE

Les organisateurs de cet événement estiment qu'il y a eu, ce jour-là, près de 2100 grèves analogues dans 125 pays. Plus de 1,5 million de jeunes s'étaient mobilisés. La plupart étaient simplement sortis de leur établissement scolaire – avec ou sans permission – pour une heure ou pour toute la journée.

Beaucoup avaient pris cette décision parce que ce qu'ils apprenaient à l'école se trouvait contredit par le monde réel. Tandis que les manuels scolaires et les documentaires leur montraient de majestueux glaciers, d'éblouissants récifs coralliens et quantité d'espèces vivantes tout aussi merveilleuses, ils découvraient, au même moment, qu'à cause du changement climatique une grande partie de ce prodigieux patrimoine avait déjà disparu. Que resterait-il demain s'ils attendaient d'être adultes pour agir ?

La prise de conscience de ce danger les avait convaincus que les choses ne pouvaient pas continuer ainsi. Dès lors, que faire ? Eh bien, comme beaucoup de personnes avant eux, qui ont lutté pour transformer le monde, ils ont organisé de grandes marches de protestation.

Mais, pour beaucoup de ces jeunes manifestants, prévenir ne suffisait plus. La crise climatique, ils la vivaient. Au Cap, en Afrique du Sud, des centaines de jeunes grévistes ont scandé des slogans conjurant les responsables politiques, démocratiquement élus, de cesser d'approuver des projets responsables du réchauffement de la planète. Un an plus tôt, cette grande ville portuaire avait failli manquer d'eau, après plusieurs années de faibles précipitations et d'extrême sécheresse, probablement dues – sinon aggravées – par le dérèglement climatique.

En république de Vanuatu (anciennes Nouvelles-Hébrides), un État insulaire situé dans le sud-ouest de l'océan Pacifique, de jeunes grévistes ont crié : "Élevons la voix, pas le niveau de la mer !" Non loin d'eux, dans les îles Salomon, cinq petites îles avaient déjà disparu sous les eaux : en cause, la "dilatation thermique" (l'eau se dilatant avec la chaleur, son volume augmente) et l'apport d'eau douce issu de la fonte des glaces et des calottes polaires.

"Vous avez sacrifié notre avenir sur l'autel des profits !" clamaient les étudiants de Delhi, en Inde, à travers leurs masques antipollution. Delhi est en effet souvent classée parmi les villes les plus polluées du monde, notamment parce que l'Inde privilégie le charbon pour produire son énergie. Or ce combustible ne se contente pas de générer une pollution visible (le fameux *smog*, ou brouillard de fumée). En brûlant, il libère également dans l'atmosphère des substances invisibles, appelées "gaz à effet de serre", qui, nous le verrons plus loin, sont précisément à l'origine du changement climatique.

La première grève mondiale pour le climat était née, portée par une jeunesse qui réclamait le droit de se prononcer sur la marche du monde. D'autres "grèves des écoles" suivraient, avec la même exigence.

Les rues de Sydney (Australie) emplies par l'espoir et la détermination ; un globe terrestre rebondit entre les mains levées des manifestants. Première grève des écoles pour le climat.

"Nous méritons mieux"

Lors de la première "grève des écoles" pour le climat, 150 000 jeunes ont envahi les rues des villes australiennes. Ils savaient que leur pays était déjà victime du réchauffement climatique. L'un des effets de ce dérèglement est la mort de la Grande Barrière de corail, trésor national inscrit au patrimoine mondial par l'Unesco.

Pour autant, l'Australie demeure un important producteur et exportateur de charbon, ce combustible fossile qui, lorsqu'il est brûlé (notamment pour alimenter les centrales électriques), produit des gaz à effet de serre, responsables, nous l'avons dit, de la hausse des températures.

Nosrat Fareha, 15 ans, l'une des organisatrices de la grève en Australie, a déclaré aux dirigeants politiques de son pays : "Vous avez lamentablement failli. Nous méritons mieux. Les jeunes n'ont pas le droit de voter, pourtant ils devront vivre avec les conséquences de votre inaction." Comme d'autres jeunes ailleurs dans le monde, Nosrat Fareha n'a pas eu peur de dire leurs quatre vérités aux gouvernants. L'intrépidité est l'une des forces de ce mouvement, avide de changement.

L'ÉCOLIÈRE SUÉDOISE

La "grève des écoles" de mars 2019 a montré au monde entier que le mouvement de la jeunesse en faveur du climat était ample et grandissant. Il est né, en grande partie, grâce à une jeune Suédoise de 15 ans, vivant à Stockholm.

Greta Thunberg a commencé à prendre conscience du changement climatique dès l'âge de 8 ans. Elle a regardé des documentaires sur la fonte des glaces et l'extinction des espèces et découvert que la combustion des énergies fossiles (comme le charbon, le pétrole et le gaz naturel) émet – ou libère – des gaz à effet de serre qui contribuent largement au changement climatique. Les centrales électriques, les cheminées des maisons, celles des industries, les voitures, les avions sont autant de sources d'émission de gaz à effet de serre.

Mais ce n'est pas tout : les régimes alimentaires carnés participent également à cette saturation de l'atmosphère. En effet, l'élevage du bétail, en particulier celui des bovins, implique l'abattage d'une grande quantité de forêts pour créer des pâturages. Or les arbres ont la particularité d'absorber – donc d'extraire de l'atmosphère – le gaz à effet de serre le plus nuisible : le dioxyde de carbone. En outre, le bétail et son fumier libèrent du méthane, un autre gaz à effet de serre particulièrement nocif.

En grandissant, Greta a continué de s'instruire. Elle s'est notamment intéressée aux travaux des climatologues qui prédisaient un changement radical de la Terre à l'horizon 2040, 2060 et 2080 si nous n'infléchissions pas notre trajectoire. Elle a alors songé aux conséquences que cela aurait sur sa propre vie : les souffrances qu'elle aurait à endurer en cas de catastrophe, l'extinction définitive d'une multitude d'espèces animales et végétales, les épreuves qui attendraient ses propres enfants si elle décidait d'en avoir.

Mais elle a aussi appris que les pires prédictions n'étaient pas inéluctables. En prenant immédiatement des mesures fortes et audacieuses, nous augmenterions considérablement nos chances de salut : nous pouvons encore empêcher qu'une partie des glaciers ne disparaisse et que de nombreuses nations insulaires ne soient englouties par les eaux; et nous devrions tout faire pour éviter que l'extrême chaleur et la pénurie de récoltes obligent des millions, voire des milliards de personnes à fuir leurs lieux de vie.

Pourquoi n'essayons-nous pas de *prévenir* les catastrophes climatiques? s'est-elle demandé. Pourquoi les nations comme la Suède n'entreprennent-elles pas résolument de diminuer leurs émissions de gaz à effet de serre? La planète était en feu et, partout où elle regardait, Greta voyait les gens continuer à s'acheter des voitures et des vêtements dont ils n'avaient pas besoin – vivre, en somme, comme si de rien n'était.

Vers l'âge de 11 ans, Greta est tombée dans une profonde dépression, et la forme d'autisme dont elle souffre explique en partie pourquoi cet épisode a été si difficile à surmonter. Les sujets qui l'intéressent mobilisent son attention avec une telle intensité que lorsqu'elle s'est penchée sur la crise climatique elle en a saisi et perçu toutes les implications. Elle ne pouvait pas se détourner de la réalité qu'elle avait sous les yeux : la peur et le chagrin l'ont submergée. Bien sûr, d'autres facteurs ont contribué à cet état mental, qui est complexe. Toujours est-il qu'il était impossible à Greta de comprendre pourquoi les gouvernants en faisaient si peu pour inverser la donne. N'étaient-ils pas aussi effrayés qu'elle? N'éprouvaient-ils pas la même colère?

Quelque chose, cependant, l'a aidée à vaincre la dépression : le combat qu'elle a mené pour réduire l'insupportable écart qui existait entre son mode de vie et ce qu'elle avait appris sur les causes de la crise climatique. Elle l'a gagné en convainquant ses parents de devenir végétariens et de ne plus prendre l'avion. Mais ce qui a le plus compté pour elle, c'est d'avoir trouvé le moyen de s'engager elle-même pour dire au reste du monde qu'il fallait cesser de prétendre que tout va bien. Si elle voulait que les politiciens saisissent l'urgence climatique, il fallait que sa propre vie la reflète.

Et c'est ainsi qu'à la mi-août 2018, à l'âge de 15 ans, Greta a refusé de reprendre le chemin de l'école. À la place, elle s'est rendue devant le Parlement suédois et s'est assise devant ses murs avec une pancarte où était écrit à la main "GRÈVE DE L'ÉCOLE POUR LE CLIMAT". Elle y est revenue tous les vendredis et y a passé la journée, habillée d'un sweat à capuche acheté dans une friperie solidaire et coiffée de ses célèbres tresses châtain clair. De cette initiative est né le mouvement mondial des Fridays for Future ("les vendredis pour le futur").

La protestation publique peut être un puissant moyen d'expression, mais elle permet rarement d'obtenir des choses du jour au lendemain. Au début, les gens n'accordaient pas d'attention à Greta et à sa pancarte. Mais l'obstination de la jeune fille a fini par intéresser les médias et par attirer la curiosité de ceux qui étaient sensibles à son message et souhaitaient s'y associer. Peu à peu, d'autres écoliers, collégiens ou lycéens, et quelques adultes l'ont rejointe pour exhiber leurs propres pancartes. Et, finalement, Greta a été invitée à prendre la parole publiquement : d'abord lors de "rassemblements pour le climat", puis lors de certaines "conférences des Nations unies sur le climat", enfin devant le Parlement européen, le Vatican et le Parlement britannique, entre autres institutions.

Comme elle l'a affirmé, les personnes qui vivent avec son type d'autisme "ne sont pas très douées pour le mensonge". Chaque fois, les interventions de Greta étaient concises, sans fioritures et percutantes. Le 23 septembre 2019, elle a déclaré aux dirigeants mondiaux et aux diplomates des Nations unies, réunis à New York : "Vous manquez à tous vos devoirs. Mais les jeunes commencent à comprendre votre trahison.

L'écolière Greta Thunberg, devant le Parlement suédois, a lancé le mouvement Fridays for Future, qui n'a pas tardé à avoir des partisans partout dans le monde.

Toutes les générations futures ont les yeux braqués sur vous. Si vous choisissez de nous laisser tomber, je vous le dis : nous ne vous pardonnerons jamais. Nous ne vous laisserons pas vous en tirer comme ça. C'est ici et maintenant que nous fixons la limite. Le monde se réveille. Et le changement arrive, que cela vous plaise ou non."

Même si les discours de Greta n'ont entraîné aucune action spectaculaire de la part des grands dirigeants, ses paroles ont électrisé beaucoup de monde. Les gens ont partagé des vidéos d'elle sur les réseaux sociaux et témoigné du courage qu'elle leur avait donné pour affronter leur peur et passer à l'action. Les enfants du monde entier lui ont alors emboîté le pas. Ils ont organisé leurs propres "grèves des écoles" et beaucoup ont brandi des pancartes avec les mots qu'elle avait prononcés : "JE VEUX QUE VOUS PANIQUIEZ", "NOTRE MAISON EST EN FEU".

En décembre 2019, pour son activisme, Greta Thunberg a été élue “personnalité de l'année” par le magazine britannique *Time*. Jamais une personne aussi jeune n'avait reçu cette distinction. Elle a cependant tenu à préciser qu'elle avait été inspirée dans son action par d'autres militants de son âge : les élèves d'un lycée de Parkland, en Floride, qui, après la mort de dix-sept élèves et employés tués par balles dans leur établissement en février 2018, avaient lancé un mouvement lycéen d'ampleur nationale afin d'exiger le contrôle des armes à feu. En suivant leur exemple, Greta a contribué à initier le mouvement des jeunes contre le changement climatique et à le porter sur le devant de la scène internationale. Aujourd'hui, des centaines de jeunes l'ont prise pour modèle et se sont engagés dans la lutte contre le dérèglement climatique.

Le superpouvoir de Greta

Il n'est pas facile de vivre en étant autiste. Pour la plupart des gens, explique Greta aux journalistes, c'est “une lutte sans fin contre les écoles, les lieux de travail et le harcèlement. Mais dans certaines circonstances, avec les bons ajustements, cela peut être un superpouvoir”.

Greta attribue à son autisme sa lucidité face à la crise climatique, ainsi que sa capacité à parler clairement du problème. “Si les émissions doivent cesser, alors il faut arrêter les émissions. Pour moi, c'est assez binaire. Le flou n'a pas sa place quand il est question de survie. Soit nous maintenons notre civilisation, soit non. Nous devons changer.”

On peut éprouver de la tristesse, de la colère ou de la peur en apprenant la façon dont le climat se dérègle. Mais Greta a découvert qu'elle pouvait surmonter ces sentiments – et aider les autres à y parvenir – en agissant et en prenant position publiquement. Ce faisant, elle est devenue pour beaucoup une figure de proue. Elle est telle le grain de sable à l'intérieur d'une huître : l'intrus devient une jolie perle à force d'être enrobé de nacre par le coquillage. Le petit acte de protestation de Greta a fait naître quelque chose de beau et de fort.

UN PROCÈS POUR LES DROITS DE L'ENFANT

Les jeunes ne se contentent pas de porter le combat dans la rue. Ils le portent également sur le terrain judiciaire. Seize adolescents de douze pays sur cinq continents sont en train de découvrir qu'il est peut-être possible d'utiliser le droit international pour lutter contre le changement climatique.

En septembre 2019, ces militants pour le climat, âgés de 8 à 17 ans, ont déposé plainte auprès des Nations unies, en vertu d'un traité international appelé Convention internationale des droits de l'enfant (Cide). Ce traité, entré en vigueur en novembre 1989, a pour objectif de protéger les droits des enfants dans les pays signataires. Il stipule, entre autres, que tout enfant a "un droit inhérent à la vie" et que "les États parties assurent dans toute la mesure possible la survie et le développement de l'enfant".

La plainte vise l'Allemagne, l'Argentine, le Brésil, la France et la Turquie : les cinq plus gros producteurs de gaz à effet de serre parmi les pays signataires. (Les États-Unis et la Chine en émettent davantage, mais les premiers n'ont pas ratifié la convention, et la seconde s'est réservé le droit de ne pas être poursuivie). Les seize plaignants affirment qu'en n'œuvrant pas assez pour limiter le changement climatique ou pour s'y préparer, ces cinq pays manquent à leur devoir de protection des droits de l'enfant à la vie et à la santé. Il s'agit là de la première plainte climatique déposée auprès des Nations unies au nom des enfants de tous les pays du monde.

La prochaine étape du procès sera l'examen de la plainte par un comité d'experts des droits de l'homme. Malheureusement, ce processus pourrait durer plusieurs années. Si le comité juge la plainte recevable, il fera des recommandations aux cinq pays pour les aider à satisfaire à leurs obligations. Le comité n'a aucun pouvoir de contrainte, mais les États signataires se sont engagés à respecter les termes du traité. Ils devraient donc, normalement, se plier, le cas échéant, auxdites recommandations.

Les seize jeunes activistes sont Greta Thunberg et Ellen-Anne (Suède) ; Chiara Sacchi (Argentine) ; Catarina Lorenzo (Brésil) ; Iris Duquesne (France) ; Raina Ivanova (Allemagne) ; Ridhima Pandey (Inde) ; David Ackley III, Ranton Anjain et Litokne Kabua (îles Marshall) ; Deborah Adegbile (Nigeria) ; Carlos Manuel (république des Palaos) ; Ayakha Melithafa (Afrique du Sud) ; Raslen Jbeili (Tunisie) ; Carl Smith et Alexandria Villaseñor (États-Unis).

David, Ranton, Litokne et Carlos sont bien placés pour savoir à quel point il est urgent d'agir. Ils vivent sur des îles de l'océan Pacifique, régulièrement assaillies par des tempêtes toujours plus violentes, entourées de récifs coralliens à l'agonie, et menacées de submersion. Leur message est simple : même si le changement climatique n'est pas encore visible partout, il l'est déjà dans différents endroits du monde et ne tardera pas à affecter la planète entière. Dans son discours, Litokne a dit être "directement affecté dans [s]on mode de vie par le dérèglement climatique" : "Il a emporté ma maison, fait disparaître la terre et les animaux." De son côté, Carlos Manuel a déclaré : "Je veux que les grands pays prennent conscience que les petites nations insulaires sont les régions du monde les plus vulnérables aux

La Brésilienne Catarina Lorenzo annonce en septembre 2019 le dépôt de plainte auprès des Nations unies par seize jeunes de différentes nations contre cinq pays signataires de la Convention internationale des droits de l'enfant, au motif que ces nations ne font rien pour protéger les jeunes générations du changement climatique en cours. À ses côtés, à gauche, Carlos Manuel (Palaos), à droite, David Ackley III (îles Marshall).

effets du changement climatique. Nos maisons sont en train d'être lentement englouties par l'océan."

Quel que soit le verdict du Comité des droits de l'homme, ces enfants, en s'engageant de la sorte, ont montré qu'ils étaient farouchement déterminés à défendre la vie sur Terre. D'autres jeunes leur ont d'ailleurs emboîté le pas en intentant des procès similaires dans différents endroits du monde.

À ce stade, peut-être vous demandez-vous ce qui a bien pu motiver ces adolescents à donner une telle ampleur à leurs actions. Les prochains chapitres vous permettront d'en savoir plus sur les origines de la crise climatique. Vous comprendrez mieux alors ce qui a poussé et pousse tant de jeunes à se dévouer à la cause climatique et à la transformation positive du monde.

2

Les responsables du réchauffement climatique

En 2019, à la veille de Noël, l'Antarctique a eu le triste privilège de battre un nouveau record : 15 % de sa surface ont fondu en un seul jour. Ce n'était malheureusement pas la première fois qu'une vague de chaleur s'abattait sur le continent de glace.

Les saisons, dans l'hémisphère sud, sont inversées par rapport à celles qui rythment la vie dans l'hémisphère nord. En décembre, c'est l'été en Antarctique : la saison de la fonte des glaces. Pour autant, jamais la glace n'avait fondu aussi vite à cette période de l'année. À la Noël, le niveau des eaux de fonte était supérieur de 230 % à la moyenne mensuelle des fontes estivales. Pourquoi ? Parce que, selon les scientifiques, les températures sur le continent avaient été "nettement plus élevées que les températures moyennes" pendant toute la saison.

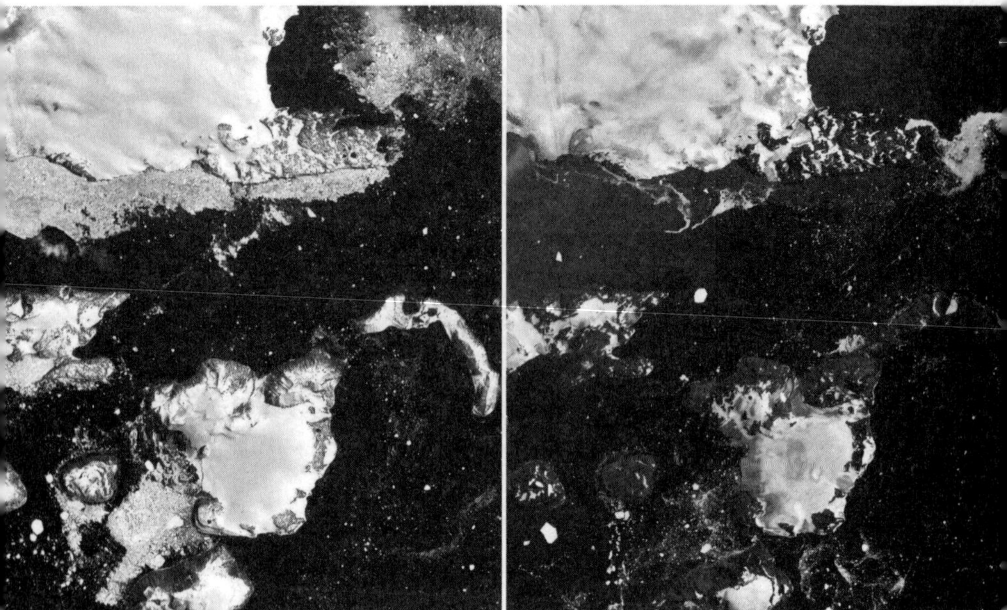

Ces deux photos, prises à seulement neuf jours d'intervalle, en février 2020, montrent l'ampleur de la fonte des glaces à la pointe de la péninsule Antarctique, après des températures estivales records.

Parallèlement, dans l'hémisphère nord, où le mois de décembre tombe en hiver, la ville russe de Moscou vivait une expérience différente, quoique connexe : la neige n'était pas au rendez-vous.

Or Moscou est connue depuis des siècles pour la rudesse de ses hivers. Il y fait souvent très froid et la neige tombe généralement avant la fin de l'année. Mais, en décembre 2019, les températures ont été plus hautes qu'à l'accoutumée, les jardins ont fleuri précocement, les enfants ont investi les patinoires de hockey pour jouer au foot, et la tenue d'un événement de snowboard prévu le Jour de l'an a nécessité des tonnes de neige artificielle transportée par camions.

Et tandis qu'on acheminait de la neige à Moscou, une chaleur inhabituelle s'abattait de l'autre côté du monde, dans l'hémisphère sud. Le 31 décembre 2019, des milliers d'habitants du sud-est de l'Australie ont dû se réfugier sur les plages pour échapper aux flammes qui ravageaient les villages. Alors même que l'été austral commençait seulement, le pays était déjà en proie à une vague catastrophique de chaleur. Après trois années de pluviométrie en berne, de vastes régions se sont mises à souffrir de la sécheresse. Les arbres et les plantes, secs comme du petit bois, étaient prêts à s'embraser. Et ça n'a pas raté. De petits incendies – qui surviennent généralement quand la foudre s'abat sur un arbre, ou quand des gens allument un feu de camp, brûlent des déchets ou jettent des mégots de cigarettes – se sont rapidement transformés en d'immenses brasiers qui ont ravagé des régions entières couvertes de végétation. Mais les plantes ne seraient pas les seules à brûler : comme souvent lors des feux de forêt, beaucoup de maisons, de commerces et de bâtiments de toutes sortes ont également été détruits ou endommagés.

Est-ce finalement si surprenant ? Tout au long de 2019, l'Australie a dû affronter la pire vague de chaleur de son histoire. Dans certains endroits, les températures ont dépassé les 40 °C plus de quarante jours d'affilée. Là aussi, les incendies ont fait des ravages, détruisant de grandes étendues de forêts anciennes dans l'État de Tasmanie, où le mois de janvier avait été le plus sec jamais enregistré.

À la fin de l'année 2019, au moins neuf personnes avaient été tuées dans ces incendies. Plus de neuf cents maisons avaient été détruites et plus de 4,45 millions d'hectares de terres avaient brûlé. Un brouillard de fumée et de cendres emplissait l'air jusqu'à obscurcir le ciel en pleine journée. Environ 500 millions d'animaux sont morts dans ces incendies, dont des milliers de koalas. Certaines espèces animales rares pourraient bien avoir définitivement disparu. (En 2020, les pertes ont été encore plus grandes : à la fin de la saison des feux, fin mars, trente-quatre personnes sont mortes dans les incendies, plus de 3 500 maisons sont parties en fumée, plus de 18 millions d'hectares de végétation ont brûlé et 3 milliards d'animaux ont été blessés, déplacés ou portés disparus.)

En matière de tragédie climatique, 2019 a été l'année de tous les records. Jamais l'Asie, par exemple, n'a vu autant de cyclones s'abattre sur les pays de l'océan Indien. Aux États-Unis, des crues ont inondé de vastes zones dans le centre du pays, détruisant les récoltes et obligeant les habitants à fuir leur maison. Des records de chaleur ont été battus en Europe et en Alaska. Le mois de juillet a été la période la plus chaude jamais enregistrée sur Terre. En septembre, la superficie de la banquise, qui, depuis des milliers d'années au moins, recouvre l'océan Arctique, a atteint son deuxième plus bas niveau connu.

Près d'un an plus tard, la Sibérie – une région froide du nord-est de la Russie – a flirté avec la canicule : en juin 2020, il a fait jusqu'à 38 °C dans la petite ville perdue de Verkhoïansk, l'un des lieux les plus froids du monde. Jamais la température n'avait été aussi élevée dans l'Arctique. Dans certains endroits de Sibérie, la température était plus élevée qu'en Floride, ce qui n'a pas manqué d'alarmer les scientifiques – mais aussi d'alimenter des centaines de feux de forêt, aussi violents les uns que les autres.

Tous ces événements ont une chose en commun : la chaleur.

CHALEUR ET PHÉNOMÈNES MÉTÉOROLOGIQUES EXTRÊMES

D'un côté, des inondations et de violentes tempêtes hivernales ; de l'autre, des épisodes de grande sécheresse et des vagues d'extrême chaleur. Comment la chaleur peut-elle provoquer autant de phénomènes météorologiques différents ?

Les vagues de chaleur sont faciles à comprendre. Avec la hausse des températures, il est normal que les journées et les nuits soient globalement plus chaudes, surtout en été ou dans les régions chaudes. En revanche, les nuits chaudes ne sont pas sans incidence, car, quand les températures ne baissent pas de manière significative pendant la nuit, les vagues de chaleur s'installent et n'offrent aucun répit.

Mais la chaleur affecte aussi les conditions météorologiques en modifiant les interactions entre la surface de la Terre et l'atmosphère. Quand la température de l'air augmente, celui-ci peut se charger davantage en vapeur d'eau, car, au-dessus des terres, plus l'air est chaud, plus l'eau des sols s'évapore et plus la végétation transpire. Lors d'une sécheresse, l'intensification de ces deux processus aggrave la situation en asséchant totalement le sol et les plantes. La sécheresse inhabituelle de la végétation augmente alors le risque d'incendies.

La sécheresse, toutefois, n'est pas la seule calamité possible. L'augmentation de la vapeur d'eau dans l'atmosphère aggrave d'autres types d'événements météorologiques. Avec ce supplément d'humidité, les précipitations atmosphériques risquent d'être plus fortes que d'habitude et de donner lieu à de violentes tempêtes de neige ou à d'importantes inondations.

Ce qui est vrai sur terre est vrai en mer. Un air plus chaud absorbe également l'humidité des eaux marines. Ainsi, plus l'atmosphère au-dessus des océans se réchauffe, plus elle se charge en vapeur d'eau. Cette augmentation des températures et de l'humidité atmosphérique, associée au réchauffement de l'eau des océans, rend les tempêtes océaniques (tels les ouragans, les cyclones et les typhons) plus puissantes et plus destructrices.

En outre, la hausse des températures modifie le comportement des courants-jets (ou *jet-streams*), ces quatre courants aériens rapides qui naissent de la rencontre entre l'air polaire (froid) et l'air tropical (chaud) : le premier dans la région polaire septentrionale, le deuxième dans la région polaire méridionale, et les deux autres de part et d'autre de l'équateur. Ces courants d'altitude déplacent généralement d'ouest en est les grandes masses d'air des systèmes météorologiques planétaires, mais ils peuvent aussi former des méandres ou des protubérances au sud ou au nord de leurs trajectoires normales. La région froide de l'Arctique se réchauffe beaucoup plus vite que les autres endroits du monde, ce qui affaiblit probablement le courant-jet polaire septentrional et rend son mouvement plus ondulatoire. Et quand ce courant-jet polaire s'oriente vers le sud, il apporte de l'air polaire glacial qui rend les conditions hivernales très rigoureuses. Cela explique pourquoi une planète dont la température moyenne augmente peut encore connaître des épisodes de froid extrême à certains endroits.

Or notre planète *continue* de se réchauffer. On parle souvent de réchauffement climatique, mais le terme de "changement climatique" est plus approprié, car le réchauffement n'est pas permanent dans toutes les régions du monde. L'augmentation de la température de notre planète est une moyenne d'ensemble.

Les vagues de chaleur et les tempêtes ont toujours existé. Tout comme les cyclones, les inondations et les incendies de forêt. Cependant, aujourd'hui, nous savons que le dérèglement climatique favorise les conditions atmosphériques extrêmes (comme la sécheresse) et les phénomènes météorologiques violents (comme les méga-tempêtes). Il rend donc plus probable l'émergence d'événements naturels meurtriers et destructeurs.

Cependant, les conséquences du changement climatique ne se limitent pas à ces seules extrémités météorologiques. Le réchauffement de la planète a d'autres effets, plus petits mais tout aussi insidieux, notamment sur les plantes, les animaux et les océans. Nous allons donc voir ensemble, dans ce chapitre, ce que savent les scientifiques de la hausse des températures et des changements à venir. S'ils n'ont pas encore tout élucidé, il ne fait plus aucun doute que ces bouleversements – les petits comme les grands – affecteront nos existences et toutes les formes de vie présentes sur Terre.

Cette évolution du climat qui perturbe l'équilibre antérieur du monde, c'est ce qu'on appelle le “dérèglement climatique”. Les conditions générales qui accompagnent ce phénomène peuvent se révéler extrêmement destructrices. La bonne nouvelle, c'est que nous savons d'où vient le dérèglement. Et cette connaissance nous dicte ce qu'il faut entreprendre pour le ralentir ou pour l'arrêter.

LA TERRE, AUJOURD'HUI

Où que vous viviez dans le monde, vous autres les jeunes avez quelque chose en commun : tandis que vous grandissez, le dérèglement climatique s'aggrave sous vos yeux.

Paysage désolé après le passage d'une tornade à Joplin (Missouri), aux États-Unis, en mai 2011. Le changement climatique rendra sans doute les phénomènes météorologiques extrêmes plus fréquents et plus dévastateurs.

Au cours du XXe siècle, la température moyenne de la Terre, toutes surfaces confondues (terrestres et marines), était de 13,9 °C. Début 2020, l'Administration nationale des océans et de l'atmosphère (Noaa), aux États-Unis, a indiqué que la température moyenne mondiale, en 2019, avait été supérieure à ce chiffre de 0,95 °C. En réalité, 2019 a été la deuxième année la plus chaude jamais enregistrée sur Terre, après 2016. Le XXIe siècle est en train de battre tous les records de chaleur : depuis 2005, il comptabilise neuf des dix années les plus chaudes jamais enregistrées, dont cinq après 2014.

Qui remarquerait, par un bel après-midi d'été, une hausse de la température d'à peine 1 °C ? Pas grand monde. Alors, si la Terre s'est réchauffée d'autant en 2019, est-ce si grave ?

Oui.

En effet, pour augmenter ne serait-ce que faiblement la température annuelle moyenne de la surface terrestre, il faut une énorme quantité de chaleur, car l'océan peut absorber et stocker beaucoup d'énergie thermique avant que la température de surface ne soit modifiée. Par conséquent, une toute petite augmentation de la température moyenne de la surface de la Terre s'accompagne nécessairement en amont d'une grande augmentation de la chaleur stockée. "Ce surplus de chaleur, explique la Noaa, entraîne localement des températures saisonnières extrêmes, réduit la couverture neigeuse et la banquise, intensifie les fortes précipitations, et modifie l'habitat des végétaux et celui des animaux, en en étendant certains et en réduisant les autres."

Le Groenland, par exemple, la très grande île située entre les océans Atlantique et Arctique, largement recouverte d'une épaisse calotte glaciaire (ou inlandsis), a vu celle-ci perdre, au cours de l'été 2019, 55 milliards de tonnes d'eau en l'espace de cinq jours. La glace fondue a rejoint l'océan. Une telle masse pourrait mettre l'État de Floride – soit l'équivalent d'un petit tiers de la France métropolitaine – sous 13 centimètres d'eau. Les scientifiques ne s'attendaient pas à une fonte de cette importance avant 2070. Comme on le voit, un faible changement de température peut avoir d'énormes conséquences.

Cette réalité active du dérèglement climatique devrait nous pousser à agir.

LE CHANGEMENT CLIMATIQUE, DE LA PRÉHISTOIRE À NOS JOURS

S'il est aujourd'hui notre plus grand défi, le changement climatique n'est pas totalement nouveau. Le climat sur Terre a changé de nombreuses fois au cours du temps. Il y a environ

20 000 ans, par exemple, une grande partie de l'hémisphère nord était recouverte de glaces. Il s'agit du dernier épisode glaciaire.

Au cours des deux derniers millions d'années, des glaciers se sont formés dans les régions septentrionales de la planète, puis ils ont disparu, mais seulement pour mieux revenir et disparaître à nouveau. Puisque ces vastes glaciers contenaient une grande partie de l'eau terrestre, le niveau des mers a chuté de 125 mètres au plus fort de la glaciation, avant de remonter avec la fonte des glaces.

Il y a 145,5 à 65,5 millions d'années, la Terre qu'occupaient les dinosaures était beaucoup plus chaude qu'aujourd'hui, et la glace plutôt rare. Les fossiles indiquent que les animaux et les plantes des climats chauds prospéraient dans les régions polaires. Mais de nombreux scientifiques pensent que, dans des temps plus anciens (antérieurs à environ 635 millions d'années), notre planète a connu plusieurs périodes d'englacement total : c'est l'hypothèse de la "Terre boule de neige" ou, tout au moins, de la "Terre boule de neige fondue", sur laquelle l'eau libre n'aurait existé qu'à proximité de l'équateur.

La paléoclimatologie – la science climatique des anciennes périodes géologiques – étudie l'histoire de ces changements climatiques. Selon elle, la plupart d'entre eux s'expliqueraient par de petites variations de la position de la Terre sur son orbite autour du soleil, qui auraient modifié la répartition de l'énergie solaire sur la surface terrestre. Cependant, certains changements climatiques passés pourraient avoir été causés par des événements naturels de grande ampleur, comme des éruptions volcaniques étendues sur des milliers, voire des millions d'années. En plus d'avoir créé certaines des couches de roches magmatiques de l'ère moderne, ces cataclysmes ont rempli l'atmosphère de gaz et de particules, qui ont également réduit la quantité d'énergie thermique à la surface de la planète.

Si le changement climatique fait partie intégrante de l'histoire de la Terre, pourquoi la hausse des températures actuelle est-elle si critique ?

Parce que, cette fois-ci, nous en sommes la cause.

La civilisation humaine a prospéré après la fin de la dernière période glaciaire. Notre mode de vie actuel doit tout aux conditions climatiques qui ont prévalu depuis une douzaine de milliers d'années. Mais ces conditions, désormais, se dégradent rapidement. Leur survivre sera le défi ultime de notre civilisation.

Je le répète, la différence essentielle entre hier et aujourd'hui est que *nous sommes responsables* de la crise actuelle. Selon les chercheurs de la Nasa, l'organisme officiel du gouvernement américain chargé de la recherche et de l'exploration spatiales, ainsi que des développements en matière de technique aéronautique, “il est très vraisemblable (95 % de probabilité) qu'une grande partie de la tendance haussière des températures du globe [voire la totalité] soit due à l'activité humaine de la seconde moitié du XXe siècle et des deux décennies qui ont suivi”.

L'activité humaine – notamment brûler des combustibles fossiles, abattre des forêts, pratiquer l'élevage intensif à des fins alimentaires – ajoute des gaz à effet de serre à la composition de l'atmosphère et modifie celle-ci d'une manière et à un rythme qui s'éloignent radicalement de son évolution normale.

En botanique, une serre est une construction vitrée qui retient la chaleur qui s'y trouve ou qui s'y introduit, de sorte que les cultivateurs peuvent y faire pousser des fleurs ou des fruits hors saison. Les gaz à effet de serre fonctionnent de la même manière, mais à l'échelle mondiale.

La Terre, par un effet de réfléchissement, renvoie dans l'espace une partie de l'énergie thermique que lui transmet le soleil, dans des proportions variables selon la surface qui reçoit le rayonnement. Mais certains gaz présents dans l'atmosphère maintiennent captive une partie de cette chaleur près de la surface terrestre. Lorsque cette quantité de gaz augmente, la planète est contrainte d'emmagasiner davantage de chaleur, et les températures s'élèvent. S'ensuivent sécheresses, tempêtes, incendies, fonte des glaces et autres phénomènes caractéristiques de la crise climatique actuelle.

Or, nous l'avons dit, notre mode de vie moderne implique une production constante de gaz à effet de serre, donc un réchauffement de la planète aussi permanent qu'inédit.

Le chapitre 4 vous en apprendra davantage sur les liens entre les activités humaines, l'usage de l'énergie, les gaz à effet de serre et le climat. Mais avant cela, vous devez savoir quelles seront les premières victimes de nos actes si nous ne dévions pas notre trajectoire. Vous comprendrez alors pourquoi cette période de tous les dangers constitue aussi une formidable opportunité.

D'un côté, certes, nous sommes responsables du changement climatique. De l'autre – c'est le côté positif –, nous avons les armes pour agir : nos connaissances, nos outils et la technologie.

PRÉVOIR L'AVENIR CLIMATIQUE

Les scientifiques savent bien qu'une partie du dérèglement climatique est irrémédiable – le réchauffement est à l'œuvre et ne s'arrêtera pas du jour au lendemain. Mais nous savons aussi que si nous n'agissons pas la situation ira en s'aggravant. C'est la raison pour laquelle les climatologues, pour nous aider à trouver les moyens de réduire au minimum le réchauffement, s'efforcent non seulement de mesurer l'effet de nos activités sur le climat, mais aussi de prévoir ce qui nous attend.

Pour cela, ils s'appuient sur deux outils : les données brutes et les modèles informatiques. Les premières, accumulées au fil de nombreuses années, sont des mines d'informations : mesures des températures, de la vitesse et de la direction des vents, des précipitations, de la salinité des océans, de la taille des glaciers, et de bien d'autres choses encore. Les seconds sont des programmes informatiques conçus pour reproduire virtuellement, dans toute sa complexité, le système climatique de la planète. Les chercheurs testent un modèle qui reproduit les comportements passés du climat terrestre, et comparent leurs résultats avec les données empiriques, c'est-à-dire la réalité historique. À partir de là, ils font des projections qui permettent d'envisager les changements auxquels nous exposeront certaines transformations du système climatique planétaire.

En modifiant certains paramètres du système climatique, les scientifiques peuvent répondre à des questions de type "Et si ?". Et si les humains commençaient à réduire les émissions de gaz à effet de serre ? Et s'ils commençaient à en émettre davantage ? Et si la quantité de fumée des feux de forêt augmentait chaque année ? Et si telle prévision se réalisait, quel rôle joueraient les nuages ?

La modélisation est un art difficile, car le système climatique est particulièrement complexe. C'est pourquoi il existe une grande variété de programmes de modélisation. En outre, les chercheurs n'utilisent pas tous les mêmes ensembles de données pour faire tourner leurs modèles. D'où la diversité des prévisions concernant l'évolution future du climat, lesquelles s'affinent lorsque les scientifiques recueillent de nouvelles données ou que leurs modèles s'améliorent. Par exemple, quand les recherches ont montré que le réchauffement des océans et la fonte du Groenland étaient plus rapides que prévu, de nombreuses projections climatiques s'en sont trouvées modifiées.

Deux autres éléments peuvent avoir cet effet : les points de bascule et les boucles de rétroaction.

Les points de bascule

Le climat ne se transforme pas de façon uniforme et continue. Un changement habituellement lent et progressif peut tout à coup s'accélérer. Cela arrive quand les conditions climatiques atteignent un certain seuil, appelé "point de bascule". Imaginez que vous vous penchiez lentement et progressivement sur le côté. Au début, tout ira bien, mais, à un moment donné, vous allez tout simplement tomber : vous aurez atteint le point de bascule. La fin de votre inclinaison sera extrêmement rapide et dangereuse pour votre intégrité physique. Une fois que vous aurez atteint ce seuil critique, votre chute sera inéluctable : il ne vous sera plus possible de vous redresser pour retrouver votre position initiale.

La même chose peut se produire avec le climat. En 2014, par exemple, des scientifiques de la Nasa et de l'université de Californie à Irvine, aux États-Unis, ont fait une annonce inquiétante. En étudiant la calotte glaciaire de l'Antarctique ouest – soit une partie de l'énorme couche de glace qui recouvre le pôle Sud –, ils ont découvert que la fonte des glaces d'un territoire grand comme la France "sembl[ait] désormais inéluctable". Cette fonte, lente hier encore, s'est vivement accélérée, car les eaux littorales, où les glaciers rencontrent la mer, se réchauffent et provoquent la fonte des glaces par dessous.

Selon ces chercheurs, un point de bascule a peut-être été atteint, augurant la disparition probable de la calotte glaciaire de la partie occidentale de l'Antarctique. Si elle continue de fondre, comme ils le prédisent, le niveau des mers finira par s'élever de 3 à 5 mètres. Un tel événement, pense-t-on, déplacerait des millions de personnes à travers le monde.

Toutefois, aussi grave que soit le franchissement de ce point de bascule, la fonte complète de la calotte glaciaire pourrait prendre des siècles. Par conséquent, même si la catastrophe est inévitable, nous pouvons encore la retarder. Pour cela, une seule solution : ralentir la vitesse à laquelle les calottes glaciaires fondent et se déplacent ; en d'autres termes, ralentir le réchauffement climatique planétaire. Et la seule façon d'y parvenir est de réduire les émissions de gaz à effet de serre, qui augmentent les températures et entretiennent ce réchauffement.

Les boucles de rétroaction

Un autre phénomène vient compliquer les projections climatiques : les "boucles de rétroaction". Celles-ci se produisent lorsqu'un processus, qui accélère ou ralentit un autre processus, est à son tour accéléré ou ralenti par ce dernier, et ainsi de suite.

La banquise en est malheureusement une illustration. En été, la hausse des températures fait fondre une partie de la glace qui flotte dans l'océan Arctique et près du littoral antarctique. En fondant, les surfaces de glace blanche deviennent des surfaces d'eau sombre. Or la glace blanche réfléchit fortement le

Une vue en coupe de la zone du permafrost victime du réchauffement climatique (ci-dessus).
Fragilisée par le dégel, une partie du permafrost de cette côte, en Alaska, s'est effondrée dans la mer (ci-contre).

rayonnement solaire et l'éloigne en proportion de la surface terrestre, tandis que l'eau sombre l'absorbe presque entièrement. Ainsi, avec le réchauffement actuel, la disparition d'une partie de la glace réduit le réfléchissement de la chaleur solaire et augmente son absorption par les eaux libres. Ce qui accroît le réchauffement en cours et, en conséquence, augmente et accélère la fonte des glaces. Si rien ne vient interrompre cette boucle, le réchauffement se poursuivra jusqu'à la disparition de toute glace océanique en été.

Le permafrost (ou pergélisol) offre un autre exemple de boucle de rétroaction. Ce sous-sol perpétuellement gelé qu'on trouve en haute montagne et dans les régions polaires contient d'énormes quantités de matières organiques d'origine végétale

ou bactérienne. À une certaine température, le permafrost commence à fondre, et ces matériaux se décomposent, ce qui a pour conséquence de libérer dans l'atmosphère du méthane et du dioxyde de carbone, deux gaz à effet de serre. Cet apport de gaz dans l'atmosphère accélère le réchauffement, qui lui-même accélère la fonte, et nous voilà avec une autre boucle de rétroaction sur les bras. Tous ces cercles vicieux ajoutent de la complexité à la modélisation du climat, car ils ne sont pas toujours prévisibles.

Comme vous le voyez, le changement climatique est un champ d'étude qui évolue très vite et exige des scientifiques qu'ils développent sans cesse de nouveaux outils susceptibles d'améliorer la collecte des données et la modélisation des projections. Leur travail nous est indispensable : grâce à lui, nous savons ce que deviendra notre climat si nous n'agissons pas, et ce que nous pourrions changer pour sauver notre avenir.

QUELLE TERRE POUR DEMAIN ?

Les modèles climatiques peuvent prédire tout un éventail d'évolutions possibles, même si beaucoup d'entre eux ont le même point de départ : la température mondiale moyenne vers 1880. À partir de là, les scientifiques mesurent la température actuelle, puis se lancent dans des projections d'augmentations de 1,5 °C, 2 °C et plus encore.

Pourquoi ces chiffres ? Parce qu'en 2016 près de deux cents nations ont signé l'accord de Paris, dans le prolongement de la convention-cadre des Nations unies sur les changements climatiques entrée en vigueur en 1994. L'objectif principal de ce nouvel accord international était de réduire les gaz à effet de serre pour contenir l'élévation de la température moyenne de la planète en dessous de 2 °C par rapport aux niveaux préindustriels, tout en s'efforçant de limiter cette augmentation à 1,5 °C. Un objectif volontairement modeste, censé nous laisser une chance de l'atteindre.

La différence entre 1,5 et 2 °C est beaucoup moins anodine qu'il n'y paraît. En septembre 2018, à la demande des États, le Groupe d'experts intergouvernemental sur l'évolution du climat (Giec) – une équipe internationale de scientifiques créée en 1988 par les Nations unies pour fournir au monde des données sur le changement climatique d'origine anthropique – a publié un rapport qui exposait les conséquences d'un réchauffement climatique supérieur à 1,5 °C et comparait les effets d'un réchauffement de 1,5 °C à ceux d'un réchauffement de 2 °C. Leurs conclusions étaient édifiantes : le scénario le plus chaud exposerait, tous les cinq ans, 1,7 milliard de personnes en plus à d'intenses vagues de chaleur ; et le niveau des mers s'élèverait de 10 centimètres supplémentaires. C'est notamment pourquoi il est préférable de viser un réchauffement de 1,5 °C plutôt que de 2 °C.

Que faisons-nous pour atteindre cet objectif ?

Au début de l'année 2020, la température planétaire moyenne avait déjà augmenté de 1 °C par rapport à celle du XIXe siècle. L'Organisation météorologique mondiale (WMO), qui suit de près la courbe des températures du globe, estime que nous nous dirigeons tout droit vers un réchauffement de 3 à 5 °C d'ici la fin du XXIe siècle. Nous l'avons vu, 2019 a été la deuxième année la plus chaude jamais enregistrée. Au printemps 2020, l'année était en passe de figurer dans le top 5 des années les plus chaudes. Cela dit, la température n'est pas la seule mesure pertinente. En novembre 2019, un rapport de la Noaa a révélé que le niveau global des mers avait monté de 21 à 24 centimètres depuis 1880. Alors que l'élévation annuelle n'a été que de 1,4 millimètre au cours de la majeure partie du XXe siècle, elle est passée à 3,6 millimètres en moyenne entre 2006 et 2015. En d'autres termes, la montée des eaux s'accélère, tout comme l'élévation de la température.

Pourquoi 1880 ?

Une année de référence pour évaluer le changement climatique

En 2016, la plupart des nations du monde ont signé l'accord de Paris, qui stipule qu'elles tenteront de contenir l'élévation de la température moyenne de la planète en dessous de 2 °C par rapport aux niveaux préindustriels – et, si possible, de la limiter à 1,5 °C. Mais que faut-il comprendre par "préindustriels" ?

L'accord de Paris ne définit pas ce terme. Il s'agit en gros de la période qui précède le développement de l'industrie – dite moderne – qui s'est mise à utiliser les combustibles fossiles pour produire son énergie. Ce développement a commencé vers 1770 (nous l'évoquerons au chapitre 4). Par conséquent, le référentiel idéal pour mesurer le changement climatique serait la température de la planète à cette époque.

Malheureusement, il existe très peu de bons registres des températures avant 1850. Pour estimer les températures antérieures à cette date, les scientifiques analysent des données physiques, comme les cernes de croissance des arbres ou les carottes glaciaires, ces longs tubes de glace ancienne soigneusement prélevés dans les calottes glaciaires du Groenland ou de l'Antarctique. Ils se servent également de modèles informatiques qui fondent leurs calculs sur des indicateurs indirects comme la position de la Terre par rapport au soleil ou l'estimation de la quantité de cendres et autres particules rejetées dans l'atmosphère à la suite d'éruptions volcaniques. Toutefois, pour des raisons pratiques, la plupart des modèles climatiques utilisent les années 1850 à 1900 ou 1880 à 1900 comme références, car c'est à cette époque qu'ont été tenus les premiers registres fiables des températures mondiales.

Une partie du réchauffement futur est déjà inéluctable, de sorte qu'on ne peut pas totalement empêcher l'élévation du niveau des mers. Dans le pire des cas, si les émissions de gaz à effet de serre conservent leur niveau actuel, celui des mers en 2100 pourrait dépasser de 2,50 mètres celui qu'elles avaient en l'an 2000. Partout à travers le monde, de vastes régions côtières de basse altitude seraient inondées et des dizaines de grandes villes englouties. Des millions, voire des milliards de personnes – devenues réfugiés climatiques – seraient obligées de fuir vers d'autres villes ou d'autres pays.

Heureusement, il nous reste encore la possibilité d'agir pour limiter cette montée des eaux. La Noaa estime que si les hommes réduisent au maximum les émissions de gaz à effet de serre en vue de ralentir le réchauffement de la planète et la fonte des glaces, le niveau mondial des mers ne s'élèverait plus que de 30 centimètres entre 2000 et 2100. Cela fait une sacrée différence avec les 2,50 mètres qui s'annoncent, et c'est pourquoi des jeunes comme Greta Thunberg sont si frustrés de voir que les responsables politiques ne font pas le nécessaire pour réduire drastiquement l'ampleur du changement climatique.

Toutefois, maintenir le réchauffement sous la barre du 1,5 °C ne sera pas une mince affaire. Un énorme navire lancé à pleine vitesse n'effectue pas un virage à 180 degrés si facilement. Les auteurs de l'étude du Giec ont estimé que, pour y parvenir, il faudrait que toutes les grandes économies du monde réduisent de presque 50 % leurs émissions de dioxyde de carbone d'ici 2030, et de 100 % (zéro carbone) d'ici 2050.

Comment réussir à atteindre ces objectifs ? Le dioxyde de carbone (CO_2) est le gaz à effet de serre qui contribue le plus au réchauffement de la planète. Nous en envoyons dans l'atmosphère lorsque nous brûlons du bois, du charbon, du pétrole ou du gaz. La déforestation, la conduite automobile, l'aviation et de nombreuses activités industrielles (comme la production d'énergie dans les centrales électriques à combustibles fossiles) sont autant de sources d'émission de dioxyde de carbone.

La quantité de CO_2 dans l'atmosphère est déjà largement supérieure aux niveaux recommandés. Par conséquent, pour demeurer en dessous de 1,5 °C de réchauffement, il faudrait commencer par en éliminer une grande partie. Une solution consisterait à utiliser une technologie moderne, dite de "captage et stockage du carbone (CSC)", mais celle-ci a ses limites (nous le verrons au chapitre 7). Ou bien nous pourrions procéder de manière plus naturelle, en plantant des milliards d'arbres et de plantes qui captent le CO_2 de l'atmosphère et, par le processus de photosynthèse, lui rétrocèdent de l'oxygène. Quoi qu'il en soit, aucune de ces solutions n'est suffisante. Le rapport du Giec indique que pour atteindre nos objectifs nous devons "transformer la société de fond en comble", et rapidement.

Pour commencer, il est impératif que nous changions immédiatement nos modes de production énergétique, nos techniques agricoles, nos moyens de locomotion et nos habitudes de déplacement, ainsi que les règles de construction du bâtiment. Entre autres choses, nous pourrions remplacer les combustibles fossiles par des sources d'énergies propres et renouvelables, à l'instar des énergies éolienne et solaire, construire des réseaux ferrés électriques à grande vitesse pour proposer une solution de remplacement aux transports routier et aérien, et concevoir des logements et des bureaux nécessitant moins d'énergie pour être chauffés ou rafraîchis.

Mais nous devons également réfléchir à des transformations plus radicales. Nous pourrions par exemple décider de consommer *moins* d'énergie, et non nous contenter d'en changer les modes de production. Nous pourrions réduire l'usage de la voiture en améliorant les transports publics, voire en les rendant gratuits. Et comme tous les produits de consommation nécessitent de l'énergie aux différentes étapes de leur fabrication ou de leur transport (même les produits "verts"), nous pourrions aussi décider de concert de réduire nos achats et notre consommation.

Jamais l'humanité n'a eu un tel défi à relever. Sera-t-elle à la hauteur ? Il est encore possible de limiter le réchauffement à un maximum de 1,5 °C, mais uniquement si nous agissons sans attendre.

CE N'EST PAS QU'UN PROBLÈME DE CHALEUR

Le réchauffement climatique n'est pas le seul facteur de stress que connaît notre planète. De nombreuses autres activités humaines transforment l'environnement, qui n'aura bientôt plus grand-chose à voir avec les magnifiques images d'abondance que vous montrent certains documentaires sur les forêts tropicales et les océans.

La vérité est tout autre et difficile à admettre : de nombreuses espèces vivantes avec lesquelles nous partageons la Terre sont dans une situation critique. Certaines d'entre elles perdent leur habitat à cause de nos activités : assèchement des zones humides, labourage des plaines herbeuses, pollution de l'eau (produits chimiques et plastique), destruction des récifs. D'autres sont incapables de s'adapter aux changements de température : par exemple, diverses espèces d'oiseaux ne trouvent plus leur nourriture saisonnière à leur retour de migration, car les plantes fleurissent désormais trop précocement. D'autres encore sont braconnées ou chassées alors qu'elles sont menacées d'extinction. Et comme notre exploration des profondeurs de l'océan n'en est encore qu'à ses débuts, des espèces entières vont disparaître avant même d'être découvertes.

Nous détruisons également les forêts à un rythme inquiétant. Les populations et les entreprises abattent les arbres pour en faire du bois de combustion, du papier ou du carton, et pour mettre des terres à la disposition du bétail ou de cultures commerciales (toujours plus vastes), tels le maïs, le soja et le sucre.

Par exemple, sur l'île de Bornéo, en Asie du Sud-Est, d'immenses étendues de forêt ont été détruites pour répondre à la demande internationale en huile de palme, utile à la fabrication non seulement de nombreux produits alimentaires, mais aussi de compléments alimentaires (pour sa richesse en vitamines) et de produits de beauté, entre autres biens de consommation. L'habitat naturel qui abritait autrefois d'innombrables espèces végétales et animales a été remplacé, à perte de vue, par des champs bien ordonnés de palmiers à huile. Ailleurs dans le monde, comme on l'a vu pour la forêt humide amazonienne, d'innombrables arbres sont abattus ou délibérément incendiés pour offrir des espaces de pâturage aux troupeaux.

Le changement climatique, malheureusement, s'ajoute aux effets de ces terribles décisions, car les forêts qui subissent nos attaques sont également victimes, de nos jours, des insectes phytophages (ou dévoreurs d'arbres), qui, attirés par la hausse des températures, envahissent de nouveaux territoires. Tout cela est évidemment propice à une boucle de rétroaction positive, car quand les arbres meurent, non seulement ils cessent d'extraire le CO_2 de l'atmosphère, mais de plus ils se dessèchent et deviennent fortement inflammables.

Pour finir, nos activités ne portent pas seulement préjudice à la planète, aux écosystèmes et aux espèces vivantes qui les composent. Elles nuisent également à l'homme, et pas toujours de manière visible, comme l'illustre l'effet du dioxyde de carbone sur nos aliments.

Les scientifiques ont découvert que lorsque la quantité de CO_2 dans l'atmosphère augmente, la qualité nutritionnelle des cultures vivrières diminue. Dans un cadre expérimental, des chercheurs ont observé, après avoir entouré des parcelles de riz et de blé de machines augmentant le taux de CO_2 de l'air environnant, que les grains de ces céréales présentaient des teneurs en protéines, en fer, en zinc et en certaines vitamines B inférieures à la normale.

Si les gaz à effet de serre continuent d'augmenter, nos cultures vivrières pourraient devenir globalement moins nutritives, ce qui aggraverait les problèmes de faim et de santé à travers le monde. Pis encore, si le changement climatique ne ralentit pas sa course, la chaleur et la sécheresse risquent de rendre incultivables de vastes régions de terres agricoles.

Néanmoins, en agissant tous ensemble, quotidiennement, il est possible d'atténuer les conséquences du changement climatique. Nous pourrions suivre l'exemple de Greta Thunberg et convaincre nos proches de renoncer à la viande et au transport aérien. Deux jours sans viande par semaine et un vol de moins par an seraient déjà un bon début. Cela dit, nos actes individuels, aussi vertueux soient-ils, ne peuvent pas, à eux seuls, transformer radicalement les choses. Les gouvernements, le commerce et l'industrie (y compris les principaux émetteurs de gaz à effet de serre) doivent également faire les choix qui s'imposent.

C'est la prise de conscience de tous ces dangers qui a poussé les jeunes militants pour le climat à descendre dans la rue et qui les a convaincus de l'importance d'unir nos forces et de se faire entendre de nos dirigeants, non seulement pour leur dire l'extrême souci que nous avons de l'avenir, mais aussi pour contribuer à en tracer le chemin. Maintenant que vous savez ce qui anime les militants pour le climat, voyons comment vous pourriez vous engager à votre tour.

En nous unissant pour crier "NON" à la hausse des températures, nous disons également haut et fort "OUI" à un monde plus juste et plus équitable.

3
Justice climatique

Les hommes ne sont pas tous égaux face aux conséquences du changement climatique. Nous vivons dans un monde d'injustices, où les inégalités ethniques, économiques et climatiques font que certaines personnes vivent dans l'abondance et le superflu, quand beaucoup d'autres ne connaissent que l'indigence et le besoin. Nous verrons, dans ce chapitre, non seulement comment ces injustices sont nées et ce qui les relie entre elles, mais aussi comment certaines personnes s'efforcent d'y mettre fin.

L'OURAGAN KATRINA : UNE CATASTROPHE "NATURELLE" ?

En août 2005, l'ouragan Katrina frappait la côte du Mississippi dans le golfe du Mexique. Un jour avant son arrivée sur le sol américain, il était encore classé en catégorie 5 : jamais une tempête de cette force n'avait été enregistrée dans cette région du monde. Heureusement, dès le lendemain, elle s'était affaiblie, et lorsqu'elle s'est abattue sur la Louisiane elle n'était déjà plus que de catégorie 3. Pour autant, le vent, la pluie et la montée des eaux avaient suffi à dévaster des pans entiers du littoral, provoquant notamment de graves inondations dans la zone métropolitaine de La Nouvelle-Orléans, peuplée de 1,3 million d'habitants.

Deux semaines plus tard, je me suis rendue sur les lieux avec une équipe de tournage afin de témoigner de la manière avec laquelle la ville, encore partiellement sous l'eau, faisait face à la catastrophe. Pour prévenir les pillages, tout le monde était censé avoir regagné son domicile à 6 heures du soir, mais, à l'approche du couvre-feu, nous tournions encore dans les rues, incapables de retrouver notre chemin. Les feux de circulation étaient éteints, la moitié des panneaux de signalisation avaient été renversés ou tordus par le vent, et de nombreuses routes, toujours inondées ou encombrées de débris, étaient devenues impraticables.

Des épisodes climatiques comme l'ouragan Katrina sont souvent appelés "catastrophes naturelles" car ils impliquent un événement dit "naturel" : une tempête, un tremblement de terre, une inondation. Toutefois, tout comme celle du changement climatique, l'ampleur de la catastrophe qui a frappé La Nouvelle-Orléans n'avait rien de naturel. Katrina a débuté tel un ouragan dévastateur, mais qui avait perdu l'essentiel de sa puissance quand il a atteint la ville. Jamais il n'aurait dû à ce point la dévaster.

Que s'est-il passé ? La réponse tient en quelques mots : les autorités ont fait les mauvais choix.

Après le passage de l'ouragan Katrina, la circulation dans les rues dévastées de La Nouvelle-Orléans, envahies de câbles, de poteaux électriques et de débris en tout genre, est devenue une véritable course d'obstacles.

Une ville affaiblie

Lorsque l'ouragan Katrina est arrivé, les dispositifs anti-inondation de La Nouvelle-Orléans se sont révélés défaillants. La ville était en effet entourée d'une série de digues la séparant du Mississippi tout proche et de deux grands lacs. Ces longues structures en béton, semblables à des barrages, étaient censées la protéger des crues en cas de tempête. Cependant, alors même que leur état de délabrement était dénoncé depuis des années, les organismes gouvernementaux qui en étaient responsables les avaient laissées se dégrader. Pourquoi ? En grande partie, parce que les quartiers les plus menacés par l'effondrement de ces barrières étaient ceux qui abritaient les populations afro-américaines, pauvres et sans réel pouvoir politique. Et c'est ainsi qu'après l'assaut de Katrina, quand il est apparu que les digues n'avaient pas résisté à la montée des eaux, la fracture sociale de La Nouvelle-Orléans a tout à coup fait la une des médias internationaux. Les gens riches ont quitté la ville, se sont installés à l'hôtel et ont appelé leurs compagnies d'assurances. Mais les 120 000 habitants de La Nouvelle-Orléans qui étaient sans véhicule ne pouvaient compter que sur le gouvernement pour quitter la zone. En attendant son aide, qui ne venait pas, ils ont envoyé des signaux de détresse du haut de leurs toits et transformé des portes de réfrigérateurs en radeaux de fortune. Plus d'un millier de personnes ont péri.

Les images de ce drame ont ébranlé la planète. Nous nous étions habitués à l'idée que, dans le pays le plus riche du monde, l'accès à la santé et à l'éducation était inégalitaire, mais pas à celle que la gestion des catastrophes l'était tout autant. Comment imaginer qu'un tel pays n'aiderait pas l'ensemble de sa population en ces circonstances ? La Nouvelle-Orléans l'a pourtant montré : les habitants les plus pauvres de la ville, majoritairement afro-américains, ont été en grande partie livrés à eux-mêmes.

Les sinistrés se sont entraidés comme ils ont pu, se portant mutuellement secours en canoës ou en barques. Ils ont vidé leurs réfrigérateurs, partagé ce qu'ils contenaient. Et quand l'eau et la nourriture sont venues à manquer, ils sont allés s'approvisionner dans les magasins. Mais les médias ont fait passer ces Afro-Américains désespérés pour des "pillards" qui n'allaient pas tarder à envahir les parties non inondées de la ville, principalement habitées par des Blancs, et à y semer le chaos. Des postes de contrôle ont donc rapidement été mis en place par la police afin de bloquer la population noire dans la zone inondée. Des policiers en sont même venus à tirer à balles réelles sur des citoyens noirs, au motif fallacieux que ces derniers avaient tiré sur eux (l'enquête démontrerait qu'ils ne portaient aucune arme). Enfin, des groupes d'autodéfense de citoyens blancs sont entrés armés dans la ville en proclamant avec défi cette mise en garde : "Vous pillez, nous tirons."

Dès mon arrivée, j'ai pu observer le degré de nervosité de la police, de l'armée et des entreprises de sécurité privées. Beaucoup de membres de ces forces revenaient tout juste des zones de guerre irakienne et afghane et se comportaient comme si l'ordre avait été donné de traiter les habitants de la ville en ennemis, et non en sinistrés. Même la garde nationale, lorsqu'elle est finalement apparue pour faire évacuer la population, s'est souvent montrée inutilement agressive. Elle n'a pas hésité pas à pointer ses mitraillettes sur les évacués montant dans les bus et à séparer de nombreux enfants de leurs parents.

Les digues de La Nouvelle-Orléans avaient été négligées en grande partie parce que la population qu'elles étaient censées protéger était noire et pauvre. Mais cette négligence résulte aussi d'un autre fait : l'État en était arrivé à ne plus assumer ses responsabilités publiques. En réalité, les infrastructures du pays – c'est-à-dire les biens publics construits et entretenus par l'État, comme les routes, les ponts, les systèmes d'approvisionnement en eau et les digues – étaient globalement dans le même état d'abandon.

"RÉDUIRE LE RÔLE DE L'ÉTAT"

Tout le monde ne s'accorde pas sur le rôle de l'État, ni sur l'ampleur de son ingérence dans la vie des citoyens. Depuis maintenant plusieurs décennies, de nombreuses décisions économiques et politiques sont prises, à travers le monde, en vertu de trois principes interdépendants qui visent précisément à réduire les interventions de l'État – et qui, réunis, forment ce qu'on appelle parfois le "néolibéralisme".

Le premier de ces principes est la *dérégulation*, c'est-à-dire la suppression des règles et des réglementations qui limitent les possibilités de profits des banques et des industries privées. Le deuxième est la *privatisation*, laquelle consiste à confier à des entreprises à but lucratif des services jadis financés et contrôlés par l'État, comme l'éducation, l'hôpital ou les services autoroutiers. Le troisième est la *baisse des impôts*, en particulier pour les entreprises et pour les riches : sans cette manne, les États ont moins d'argent à consacrer à l'entretien des infrastructures publiques.

Ces principes reposent sur l'idée que les entreprises doivent être aussi libres que possible pour pouvoir se développer, vendre plus de produits, réaliser de plus grands profits et créer davantage d'emplois. Et dans le droit-fil de cette logique néolibérale, il y a la conviction que l'État devrait être davantage géré comme une entreprise et devrait moins s'investir dans la garantie et la protection des besoins fondamentaux de la population.

Bien avant l'ouragan Katrina, cette notion de "réduction du rôle de l'État" entrait déjà en conflit avec celle de "bien public", selon laquelle il peut être utile, dans une société, de faire des choses au bénéfice de tous, même en l'absence de profits financiers. Défendre l'idée qu'il faut "réduire le rôle de l'État" revient à s'attaquer à la croyance d'un droit à une vie décente partagé par tous, incluant des choses aussi diverses que l'accès à une éducation de qualité, la mise à disposition d'espaces verts et la garantie d'infrastructures publiques bien entretenues. L'affaiblissement du rôle de l'État américain dans la défense du bien public explique donc (en partie) pourquoi les digues de La Nouvelle-Orléans étaient si proches du point de rupture lorsque Katrina a frappé.

Mais cette manière de voir n'a pas seulement porté préjudice aux infrastructures physiques : les systèmes de secours en ont également pâti.

Il existe, aux États-Unis, à tous les niveaux du gouvernement fédéral, des agences dont le travail consiste à mettre les gens en sûreté à l'approche d'un danger, et à leur fournir un abri, des soins médicaux et autres secours après la catastrophe. C'est en particulier le rôle de l'Agence fédérale des situations d'urgence (Fema), qui supervise ces efforts au niveau national. Après le passage de Katrina, cet organisme a gravement manqué à ses obligations envers les sinistrés de La Nouvelle-Orléans.

Il a fallu cinq jours à la Fema pour approvisionner en eau et en nourriture les 23 000 personnes réfugiées dans le Superdome, ce grand stade de football américain situé dans le quartier d'affaires de la ville. Le récit des conditions de vie sous ce dôme a choqué le monde entier. Si la Fema a échoué dans sa mission, c'est notamment parce que de nombreux responsables de l'agence n'avaient que peu ou pas d'expérience en matière de gestion des catastrophes. Ils ne devaient leur poste qu'à leur loyauté à l'égard du pouvoir politique. En outre, en vertu de la nécessité néolibérale de gérer l'État comme une entreprise, les employés les plus expérimentés de l'agence avaient été remplacés par de jeunes recrues, naturellement moins expérimentées.

L'échec de l'agence s'explique également par l'insuffisance de ses "stocks de réserve" en produits de première nécessité. La même chose se produirait à l'échelle nationale en 2020 quand, en pleine pandémie de coronavirus, la pénurie des équipements de protection individuelle mettrait en évidence l'incurie du gouvernement fédéral et les vices d'un système sanitaire et hospitalier fondé sur la maximisation des profits. Dans un tel système, un lit d'hôpital vide ou un stock de réserve inemployé constituent une gabegie commerciale, car ils ne rapportent pas d'argent ou ne font qu'en coûter. Il serait pourtant raisonnable de disposer de lits, d'équipements sanitaires et de biens de première nécessité en cas de catastrophe, mais le système est soumis à une telle pression financière qu'aucune de ces précautions n'est prise, si bien qu'à chaque catastrophe des gens en paient le prix fort.

En 2005, à La Nouvelle-Orléans, des responsables locaux comme le maire ont également contribué à aggraver la situation en retardant l'ordre d'évacuation de la ville et en se dispensant d'approvisionner en eau, en nourriture et en fournitures médicales les lieux de refuge. L'incapacité des autorités fédérales et locales à consacrer des efforts et de l'argent à la préparation de l'aide humanitaire en cas de violente tempête a encore aggravé les problèmes.

Durant quelques semaines, les rues inondées de La Nouvelle-Orléans ont jeté la lumière sur les politiques économiques qui ont rendu la tempête plus dévastatrice qu'elle n'aurait dû l'être : une catastrophe "non naturelle" est advenue dans le sillage d'une catastrophe climatique. Pourtant, si le spectacle de désolation auquel j'avais assisté avait été particulièrement choquant, ce qui suivrait le serait plus encore.

LES PAUVRES, PREMIÈRES ET PRINCIPALES VICTIMES

Après que l'ouragan Katrina eut inondé La Nouvelle-Orléans, certaines entreprises ont voulu profiter de la tragédie.

Les familles qui avaient fui la ville ou en avaient été évacuées en bus se sont retrouvées disséminées sur le territoire des États-Unis. Un éminent économiste – partisan de l'"État faible", par conséquent favorable à la réduction du rôle de l'État – a estimé que la dispersion des écoliers de la ville était l'"occasion de réformer radicalement le système éducatif". C'était pour lui une manière de réclamer la "privatisation" de l'école publique ; donc, en l'espèce, la fin de la gratuité de certaines écoles, et la mise en place de normes éducatives différentes de celles des écoles publiques.

Un membre républicain du Congrès, représentant de la Louisiane, déclarerait après la catastrophe : "Nous sommes enfin débarrassés des logements sociaux de La Nouvelle-Orléans", attribuant à Dieu la destruction tant attendue des quartiers déshérités. Pourtant, certains de ces quartiers n'ont pas été ravagés par l'ouragan, mais délibérément rasés par les autorités après son passage. Dans les mois qui ont suivi la tempête, celles-ci n'ont en effet rien entrepris pour aider la population noire et pauvre à rentrer chez elle. Bien au contraire, l'absence des évacués a constitué une aubaine : des milliers de logements sociaux pouvaient être détruits alors même que, situés en grande partie dans les hauteurs de la ville, ils n'avaient subi que des dégâts mineurs. La tempête n'a été pour rien dans ce "grand débarras", effectué essentiellement par les entreprises de démolition. Ainsi, en lieu et place des logements sociaux ont poussé des immeubles et des maisons de ville qui n'étaient plus dans les moyens de la plupart des familles qui avaient habité ces quartiers avant la tempête. L'opération, en revanche, a enrichi les promoteurs immobiliers.

Tandis que La Nouvelle-Orléans agonisait, d'autres projets de ce type sont venus répondre aux aspirations des entreprises, animées soi-disant par la seule volonté de reconstruire la ville. Mais plutôt que d'aider les sinistrés ou de réparer les infrastructures en prévision d'autres phénomènes naturels destructeurs, les entreprises ont fait pression pour obtenir des concessions affaiblissant le Code du travail, les lois environnementales et les écoles publiques. Ce qu'elles ont renforcé, c'est l'industrie pétrolière et gazière, l'industrie du bâtiment et quelques autres intérêts commerciaux. Et pour cause : la raison d'être des entreprises est la réalisation de profits. D'un point de vue commercial, un cataclysme peut être une sacrée source d'enrichissement.

Cette approche de la "reconstruction" post-catastrophe a donné lieu à d'autres types d'injustices. Parmi les entreprises et les entrepreneurs privés qui ont envahi la ville, beaucoup ont reçu d'importantes aides de l'État sans pour autant fournir en retour de service utile à la collectivité. Cela s'explique aisément : il n'y avait pratiquement aucun contrôle gouvernemental sur la destination de l'argent public, ni sur la façon dont il était dépensé. (C'est ce qui arrive lorsqu'on s'efforce de réduire le rôle de l'État.)

Une entreprise a reçu 5,2 millions de dollars pour construire un camp de base indispensable aux secouristes. Mais les travaux n'ont jamais été terminés. L'entreprise à laquelle le contrat d'État avait été attribué s'est révélée, après enquête, appartenir à un groupe religieux. Son directeur a d'ailleurs par la suite reconnu son incompétence : "Ma seule expérience en la matière avait été l'organisation, avec mon église, d'un camp de jeunesse."

Après la tragédie, le gouvernement aurait pu prendre des mesures qui auraient à la fois permis de reconstruire la ville et d'aider les sinistrés à refaire leur vie. Il aurait pu, par exemple, exiger que les entreprises sous contrat d'État embauchent des locaux et les rémunèrent décemment. Au lieu de cela, les entrepreneurs ont gagné des fortunes en employant, sous les yeux de la population désœuvrée, des ouvriers sous-payés, dont de nombreux migrants, qui, comble du cynisme, ont été le plus souvent expulsés des États-Unis une fois le travail achevé.

Or la population pauvre de La Nouvelle-Orléans était déjà dans une grande précarité économique et sociale avant que leurs foyers, leurs emplois et leurs communautés ne se retrouvent détruits par l'ouragan. La tempête n'a fait qu'aggraver la situation. Le déploiement d'une aide appropriée, au cours des opérations de secours et de reconstruction, aurait pu permettre de réduire certaines inégalités. Mais c'est le contraire qui s'est produit. Et quelques mois après la tempête, pour compenser les milliards de dollars versés aux compagnies privées sous forme de contrats et d'avantages fiscaux, le Congrès a décidé de diminuer le budget fédéral de 40 milliards de dollars, au détriment, entre autres programmes sociaux (principales cibles de ces coupes gouvernementales), des prêts étudiants, de l'aide alimentaire aux indigents et des prestations de santé pour les pauvres.

Le fait qu'après l'ouragan Katrina les citoyens les plus pauvres du pays aient été plusieurs fois dépouillés au bénéfice des grands entrepreneurs est un exemple criant d'injustice climatique. Ils avaient déjà payé le prix fort en habitant dans les quartiers les plus touchés par la catastrophe. Puis ils l'ont à nouveau payé lorsque les opérations de secours ont servi de prétexte à subventionner des entreprises. Ils l'ont payé une troisième fois lorsque le gouvernement, pour financer ces subventions, a taillé dans les rares programmes nationaux d'aide aux chômeurs et aux travailleurs pauvres.

Nous avons là l'illustration de la manière avec laquelle le système économique capitaliste s'accommode des catastrophes

– et de tout autre type d'événements extrêmes, comme les guerres. C'est ce qu'on appelle le "capitalisme du désastre" : quand les riches et les puissants profitent des chocs violents pour accroître les inégalités existantes au lieu de les corriger. Ces tragédies sont, pour eux, l'occasion de prendre les choses en main et d'imposer des réformes favorables aux banques, à l'industrie et aux politiciens influents, certainement pas aux gens ordinaires.

Les désastres offrent à certains de belles opportunités de changement, car ils perturbent tout. En situation de crise, les lois et les pratiques ordinaires peuvent être suspendues. Les populations, désorientées, désespérées, aveuglées par leur instinct de survie et leur volonté de retrouver une vie normale, n'ont pas assez de recul pour s'intéresser à la plus large question de l'action publique et de ses véritables bénéficiaires.

À l'heure du changement climatique, alors que les catastrophes naturelles se multiplient, ces modes opératoires profondément injustes s'observent après chaque tempête, chaque inondation, chaque incendie d'envergure. Et, trop souvent, les premières et principales victimes des maux causés par la crise climatique sont les plus défavorisés : les pauvres, les personnes de couleur et les autochtones.

Voilà pourquoi le combat contre le changement climatique doit être aussi un mouvement de lutte pour une plus grande justice économique et sociale : nous devons apprendre à transformer les catastrophes en autant d'occasions d'améliorer la vie de tous, et pas seulement d'une minorité. Nous devons cesser d'alimenter cette boucle de rétroaction qui consiste à accepter que les catastrophes servent les intérêts commerciaux, qui sont souvent les principaux responsables du changement climatique. Nos efforts et les dépenses publiques devraient plutôt servir à aider les victimes, au risque de redonner foi dans le bien commun et l'État-providence.

Pourquoi ne pas essayer d'aider ?

En 2016, à l'âge de 21 ans, Elizabeth Wanjiru Wathuti a créé au Kenya (en Afrique de l'Est) un mouvement de lutte contre le changement et l'injustice climatiques. Pour mener à bien son combat, elle dispose de trois armes : des pelles, des arbres et la jeunesse qu'elle inspire.

Dans un entretien publié par l'organisation environnementale Greenpeace elle a déclaré : "L'environnement me passionne depuis mon plus jeune âge. Il faut dire que j'ai eu la chance de pouvoir très tôt vivre en communion avec la nature. Et, aussi loin que je me souvienne, les injustices environnementales m'ont toujours révoltée : l'abattage de nos forêts, la pollution de nos rivières... Alors je me suis dit : pourquoi ne pas essayer d'aider d'autres jeunes à être plus sensibles à la cause environnementale ?"

Elizabeth W. Wathuti a grandi dans une région forestière du Kenya. Elle y avait planté un arbre quand elle avait 7 ans. Son premier acte militant – le premier d'une longue série. Elle avait été inspirée par une femme : la Kényane Wangari Maathai (1940-2011), biologiste et vétérinaire de formation, qui avait fondé en 1977 le Mouvement de la ceinture verte (Green Belt Movement), destiné à enseigner aux Kényanes l'avantage qu'elles tireraient de la plantation d'arbres (notamment pour préserver l'environnement autour de leurs maisons, de leurs écoles et de leurs églises). Ce mouvement donnerait naissance à des initiatives similaires dans d'autres pays, et, à ce jour, par son combat, Wangari Maathai – qui a reçu en 2004 le prix Nobel de la paix pour l'ensemble de son œuvre – a permis la plantation de près de 40 millions d'arbres à travers l'Afrique.

Aujourd'hui, Elizabeth W. Wathuti perpétue cette tradition, notamment en aidant les enfants kényans à devenir des militants de l'environnement. En 2016, elle a fondé l'Initiative Génération verte (Green Generation Initiative), dont le but est d'apprendre aux enfants à aimer les arbres et à en planter. En 2019, son organisation avait planté plus de 30 000 arbres et 99 % d'entre eux avaient survécu.

Avec son équipe de quarante jeunes volontaires, l'Initiative Génération verte de Wathuti s'est entourée de plus de 20 000 écoliers. Son succès montre le pouvoir que les jeunes générations peuvent avoir quand on leur donne les moyens d'agir concrètement. Un acte aussi simple que la plantation d'un arbre peut être le germe d'un mouvement révolutionnaire.

"Je rêve d'un monde où nous pourrions tous vivre en harmonie avec la nature sans nuire à la planète, a-t-elle déclaré ; un monde où chacun serait conscient de l'état dans lequel il laisserait la Terre aux générations futures ; un monde qui ne ferait pas passer le profit avant tout le reste."

UNE NOUVELLE ÉNERGIE POUR LES CHEYENNES DU NORD

Cinq ans après avoir vu les effets de l'ouragan Katrina sur la communauté noire de La Nouvelle-Orléans, je me suis rendue dans la réserve des Cheyennes du Nord, dans le sud-est du Montana. Là, j'ai été témoin d'un autre type de réponse au changement et à l'injustice climatiques. La tribu paraissait affligée, mais le problème ne venait pas du ciel : il tenait à un vieux conflit autour du charbon.

La menace du charbon

Sous les collines ondoyantes du Montana, foulées par une multitude de chevaux et de têtes de bétail, hérissées çà et là de superbes affleurements rocheux de grès, se trouvent d'importants gisements de charbon. Évidemment, l'industrie minière a exprimé le souhait d'accéder aux couches carbonifères situées en dessous (et à proximité) de la réserve des Cheyennes. Le projet incluait la construction d'une voie ferrée destinée à transporter le combustible hors de la région avant de l'envoyer en Chine et ailleurs dans le monde. Or tous ces creusements et terrassements menaçaient une source d'eau essentielle aux autochtones : la rivière Tongue. Et le chemin de fer risquait aussi de mettre en péril les cimetières cheyennes.

Les Cheyennes du Nord ont commencé à combattre les compagnies minières au début des années 1970, mais, en 2010, la frénésie autour des combustibles fossiles était à son comble dans la région. Cette année-là, près de la moitié de l'énergie utilisée dans le pays provenait de la combustion du charbon, et l'industrie était impatiente de l'exporter. On estimait alors que la demande mondiale augmenterait de plus de 50 % en vingt ans.

Personne ne savait combien de temps durerait la résistance de la communauté cheyenne. Les opposants au charbon venaient de perdre un vote crucial au Conseil national du territoire (State Land Board) : la construction de la mine aurait bien lieu, à Otter Creek, juste à la sortie de la réserve. C'était le plus grand projet de nouvelle mine aux États-Unis.

Après avoir perdu ce combat, les militants se sont attaqués à la construction du chemin de fer "Tongue River". Sans voie ferrée, le charbon ne pourrait pas quitter la région, et la construction de la nouvelle mine n'aurait plus aucun sens. Malheureusement les Cheyennes n'étaient pas unis dans la bataille, et tout portait à croire que la mine et le chemin de fer verraient bien le jour.

"Il y a tellement de choses contre lesquelles lutter que les gens ne savent plus où donner de la tête", m'a dit l'écologiste américaine Alexis Bonogofsky. À l'époque, elle travaillait pour la Fédération nationale de la faune et de la flore sauvage (NWF), qui aidait les tribus indigènes à faire valoir leurs droits pour protéger leur terre, leur air et leur eau. Elle était donc en étroite relation avec les Cheyennes du Nord, qui s'honoraient de recourir à la loi pour protéger la nature.

Des décennies plus tôt, cette tribu avait fait valoir que son droit à jouir d'un mode de vie traditionnel – garanti par le traité signé avec les États-Unis – incluait celui de respirer un air pur. L'Agence fédérale de protection de l'environnement (EPA) en a convenu, et, en 1977, lui a accordé le meilleur indice de qualité de l'air possible. Cela a permis aux Cheyennes du Nord d'intenter une action en justice contre les projets polluants. Toute pollution qui provenait de régions aussi éloignées que le Wyoming, dans la mesure où elle était susceptible d'atteindre la réserve et de nuire à la qualité de l'air et de l'eau de la réserve, constituait à leurs yeux une violation de leurs droits.

Mais la mine d'Otter Creek et le chemin de fer associé ont été plus durs à combattre, car la pression venait autant de l'industrie minière que de l'intérieur de la tribu. Les Cheyennes du Nord, en effet, avaient récemment pris pour chef un ancien mineur déterminé à ouvrir les terres de la réserve aux compagnies qui voulaient en exploiter les ressources. Et pour certains la tentation était grande, car la mine allait donner de l'argent à la communauté, qui en avait grand besoin : le taux de chômage était élevé; la pauvreté et la toxicomanie causaient des ravages dans la réserve. Le désespoir des Indiens les disposait donc favorablement aux promesses d'emplois et de financement de nouveaux programmes sociaux formulées par les compagnies minières.

"Les gens pensent [...] qu'en accueillant le projet ils pourront enfin disposer de bonnes écoles et d'un bon système de traitement des déchets", m'a rapporté Charlene Alden, la coriace et infatigable directrice des bureaux de la protection environnementale de la tribu. Alors qu'il devenait de plus en plus difficile de trouver des opposants au projet parmi les Cheyennes, celle-ci craignait que le sacrifice de leurs terres pour quelques dollars de charbon n'éloigne la tribu de sa culture et de ses traditions. Plutôt que d'aider la population à aller mieux, cela risquait au contraire d'aggraver l'état dépressif de certains de ses membres et leur dépendance à l'égard des drogues.

"En cheyenne, le même mot sert à désigner l'eau et la vie, m'a-t-elle expliqué. Nous savons que si nous commençons à abuser du charbon, cela détruira la vie."

Ils en abusaient déjà. Dans les années 1940 et 1950, de nombreuses maisons de la réserve avaient été construites à partir des kits fournis par le gouvernement américain. Les courants d'air y étaient terribles. En hiver, leurs occupants montaient le chauffage au maximum, mais la chaleur s'échappait par les murs, les fenêtres et les portes fissurés. En moyenne, ils dépensaient 400 dollars par mois pour se chauffer en brûlant un combustible – du charbon ou du gaz propane –, mais certaines personnes payaient plus de 1 000 dollars par mois. Ainsi la crise climatique, dans cette région déjà éprouvée par de longues sécheresses et d'importants feux de forêt, était-elle aggravée par une utilisation massive d'énergie fossile.

Selon Charlene Alden, la seule issue était donc de montrer à la jeune génération, d'où sortiraient les futurs dirigeants cheyennes, une autre voie pour échapper à la pauvreté et au désespoir, une voie qui ne leur coûterait pas la terre de leurs ancêtres. Parmi les nombreuses solutions qu'elle envisageait, il y avait la paille.

Quelques années plus tôt, une organisation à but non lucratif était venue dans la réserve construire des maisons modèles à partir de bottes de paille, une vieille technique indienne permettant aux bâtiments de conserver leur chaleur en hiver et leur fraîcheur en été. Les familles qui occupaient ces foyers avaient vu leurs factures de chauffage tomber à 19 dollars par mois.

Mais pourquoi faire appel à une aide extérieure pour bâtir des maisons inspirées d'un savoir indigène ? Pourquoi ne pas former les Cheyennes eux-mêmes à la conception et à la construction de ces structures, et obtenir des fonds pour en généraliser l'usage dans toute la réserve ? Cela boosterait le secteur de la construction durable, et les Cheyennes nouvellement formés pourraient exporter leurs compétences et permettre la multiplication de maisons moins polluantes pour la planète.

Malheureusement un tel programme réclamait de l'argent, ce dont les Cheyennes du Nord manquaient cruellement. Sous la présidence de Barack Obama, ils avaient vainement compté sur l'augmentation du financement des emplois "durables" (c'est-à-dire respectueux de l'environnement) dans les communautés défavorisées. Elle aurait permis de lutter contre le changement climatique et contre la pauvreté, mais tout a été gelé quand a éclaté la crise économique de 2008. Cependant, Alexis Bonogofsky et Charlene Alden ont tenu bon et se sont échinées à prouver aux Cheyennes du Nord que le charbon n'était pas une fatalité.

Un an après ma première visite à la réserve, Alexis Bonogofsky m'a appelée pour me dire qu'elle avait réussi, avec Charlene Alden, à obtenir de l'argent de l'EPA et de la NWF. Elles se lançaient dans un nouveau et formidable projet : l'introduction, dans la réserve, de l'énergie solaire. Étais-je intéressée et disposée à revenir les voir pour en témoigner ?

Les promesses du soleil

Ma seconde visite n'aurait pas pu être plus différente de la première, tant l'atmosphère, aussi bien dans le ciel que dans les esprits, avait changé. C'était le printemps. De petites fleurs sauvages piquaient de jaune les douces collines verdoyantes. Dès mon arrivée, j'ai aperçu une quinzaine de personnes rassemblées devant une maison. Quelqu'un leur expliquait comment un boîtier constitué principalement de verre sombre pouvait capturer suffisamment de chaleur pour chauffer tout un foyer.

Leur professeur s'appelait Henry Red Cloud ("Nuage Rouge"). Il appartenait à la tribu des Lakotas et avait construit sa première éolienne à partir de pièces extraites d'un camion rouillé. Plus tard, il recevrait de nombreux prix pour avoir équipé sa tribu, dans sa réserve de Pine Ridge, dans le Dakota du Sud, en énergie éolienne et en énergie solaire.

Henry Red Cloud (au centre) et ses "guerriers solaires" en train d'installer des panneaux solaires dans la réserve des Cheyennes du Nord – un pas de plus pour l'énergie durable et renouvelable, mais aussi pour la justice environnementale.

Il était à présent chez les Cheyennes du Nord pour leur apprendre à installer des chauffages solaires dans leurs propres maisons. Ces appareils valaient 2000 dollars pièce, mais les fonds qu'Alexis Bonogofsky et Charlene Alden avaient réunis servaient précisément à les financer. Les habitants de la réserve n'avaient rien à payer, et, grâce à cette nouvelle technologie, leurs factures de chauffage seraient bientôt divisées par deux.

Red Cloud profitait de ses cours pratiques pour rappeler que "l'énergie solaire a toujours fait partie de la vie des autochtones. [...] Elle est liée à notre culture, à nos cérémonies, à notre langue, à nos chants". Il enseignait également aux apprentis l'usage du *Pathfinder* solaire, cet instrument qui permet de découvrir le meilleur emplacement et la meilleure orientation des boîtiers solaires, sachant que ceux-ci ont besoin d'au moins six heures d'ensoleillement par jour pour bien fonctionner. Pour les quelques maisons qui étaient nichées trop près des arbres ou des montagnes, Red Cloud suggérait de monter des panneaux solaires sur les toits ou bien d'utiliser un autre type d'énergie renouvelable.

L'une des dernières maisons à avoir été équipées d'un chauffage solaire se trouvait dans une rue très fréquentée du centre de Lame Deer, une petite ville au cœur de la réserve. Dès que les apprentis formés par Red Cloud se sont mis à l'ouvrage – prenant des mesures, jouant du marteau et de la perceuse –, la foule est venue les observer. Des enfants se sont regroupés et les ont regardés travailler. Quelques femmes d'un âge avancé ont voulu savoir ce qui se passait. "Comment ? Des factures divisées par deux ? se sont-elles exclamées. Que faut-il faire pour en profiter ?"

Red Cloud était tout sourire. C'est ainsi qu'il provoque la "révolution solaire" : il ne dit jamais aux gens ce qu'ils doivent accomplir, il leur montre ce qu'ils *peuvent* accomplir. Plusieurs des premiers apprentis ont reçu une formation complémentaire et d'autres Cheyennes les ont rapidement rejoints. Red Cloud leur apprenait à se penser non seulement en techniciens, mais aussi en "guerriers solaires" : il leur enjoignait de se battre pour un mode de vie fondé sur le respect de la Terre et sur la gratitude qu'on devait témoigner à celle-ci.

Dans les mois et les années qui ont suivi, la lutte contre la mine d'Otter Creek et contre la voie ferrée de la Tongue River a repris de la vigueur. Les Cheyennes, d'un commun accord, se sont levés pour protester. Ils ont demandé à rencontrer des représentants du gouvernement et, lors de l'audience, ont défendu leur cause avec véhémence. Les "guerriers solaires" de Red Cloud, assis aux premiers rangs et au centre de la salle, portaient tous des tee-shirts rouges sur lesquels était écrit "Beyond Coal" (littéralement, "au-delà du charbon"), un slogan déjà utilisé lors d'une campagne orchestrée en 2011 par le groupe écologiste Sierra Club et destiné à promouvoir l'usage des énergies renouvelables en lieu et place du charbon.

Vanessa Braided Hair ("Cheveux Tressés") était l'une des apprentis vedettes de Red Cloud. Engagée comme pompier volontaire, elle avait combattu, à l'été 2012, un incendie qui avait ravagé plus de 23 000 hectares de terres et détruit dix-neuf maisons dans la seule réserve des Cheyennes du Nord.

Braided Hair n'avait donc besoin de personne pour savoir ce que nous traversions. La crise climatique, elle l'avait vue de ses propres yeux. Si elle était heureuse d'avoir la chance de participer à la lutte pour le climat, cela devait aller plus loin. Comme l'avait dit Red Cloud, l'énergie solaire était en phase avec la vision du monde dans laquelle elle avait été élevée. Et pour reprendre ses mots à elle : "Tu ne peux pas prendre, prendre, toujours prendre... Tu prends ce dont tu as besoin, et ensuite tu le rends à la terre."

Un autre apprenti de Red Cloud, Lucas King, s'est adressé en ces termes aux représentants des compagnies charbonnières, lors d'une audition relative à Otter Creek : "C'est un territoire cheyenne. Il l'est depuis longtemps, bien plus longtemps que n'a jamais duré le moindre dollar. [...] S'il vous plaît, retournez dire à qui de droit que nous n'en voulons pas [de l'exploitation du charbon]. Ce n'est pas pour nous. Merci."

Les "guerriers solaires" et les autres membres de la tribu ont continué à résister au projet minier et à son corollaire ferroviaire. Tout comme certaines personnes extérieures à la réserve, à l'instar de ces étudiants de l'université du Montana, qui, à travers leur mouvement Blue Skies Campaign ("Campagne pour un ciel bleu"), ont organisé des actes non violents de désobéissance civile le long des voies ferrées des localités voisines. Ils voulaient protester contre le passage, dans les quartiers pauvres, des trains de charbon, qui faisaient suffoquer la population sous la poussière de leur cargaison et les vapeurs de gasoil. Les militants de Blue Skies ont également organisé des marches et investi des réunions de conseil municipal pour exiger que des mesures soient prises contre les lignes de chemin de fer existantes (et futures) et l'exploitation des combustibles fossiles.

En août 2012, ces mêmes militants se sont assis durant cinq jours sur les marches du Capitole (le siège du Congrès américain, situé à Washington) pour protester contre le bail de terres accordé par l'État à des compagnies pétrolières. Deux ans plus tard, 1 500 habitants d'une douzaine de communautés du Montana ont organisé une journée Énergie propre dans leur État. En 2015, lorsque le Conseil tribal des Cheyennes du Nord a soumis au vote la construction de la ligne de chemin de fer de la rivière Tongue, aucune voix ne s'est prononcée en faveur du projet.

Tant que dureraient les blocages ferroviaires, la nouvelle mine d'Otter Creek ne verrait pas le jour. Toutefois, d'autres forces – plus importantes encore – travaillaient contre sa construction. L'âge d'or du charbon touchait à sa fin. Plus les gens prenaient conscience des problèmes posés par ce combustible (non seulement la pollution et les émissions de gaz à effet de serre qui accompagnent son exploitation, mais aussi la dangerosité du travail dans les mines), plus le marché du charbon déclinait. Et parallèlement, la demande en énergie propre, verte et renouvelable s'accroissait. Les mines de charbon américaines ont commencé à fermer et les projets de nouvelles mines sont tombés à l'eau. Début 2016, l'entreprise derrière le projet de la mine d'Otter Creek et du chemin de fer de la rivière Tongue a périclité.

L'énergie verte et renouvelable est bien meilleure pour la planète que les combustibles fossiles. Mais la construction de structures de production d'énergie renouvelable offre aussi l'opportunité de corriger les injustices dont souffrent encore de nombreuses populations indigènes. Pour cela, elle doit être réalisée avec la participation active et le consentement de ces dernières lorsqu'elles vivent à proximité, et leur être profitable. Contrairement aux habitants de La Nouvelle-Orléans, qui, après l'ouragan, sont restés sans emplois en dépit des travaux de reconstruction, les peuples autochtones doivent faire partie intégrante des projets qui s'élaborent sur leurs terres, afin que les compétences, les emplois et l'argent entrent dans leur communauté, y demeurent et la fassent vivre.

Les Cheyennes nous ont montré que la transition entre l'exploitation du charbon et la construction de parcs éoliens et solaires peut être plus qu'un simple remplacement d'une énergie sale par une énergie propre. Elle doit aussi servir à réparer de trop longues injustices socio-économiques. La meilleure façon de réussir cette révolution énergétique est d'impliquer et de soutenir les communautés, pas seulement les entreprises. Ainsi naîtront d'autres armées de "guerriers solaires".

ZONES DE SACRIFICE

L'usage des combustibles fossiles est le principal facteur du réchauffement climatique. Cela dit, même si ce n'était pas le cas, il resterait préférable d'utiliser une énergie propre et renouvelable. Les populations qui vivent à proximité des lieux où les combustibles fossiles sont extraits, traités, transportés et brûlés savent assez combien ils nuisent à leur santé et à celle de la planète.

Produire notre énergie à partir des combustibles fossiles, c'est sacrifier des gens et leur environnement. L'extraction des combustibles se fait au détriment des poumons et de l'intégrité physique des populations soumises à la pollution de l'air et mises en danger dans les mines. Les terres et les sources d'eau de ces mêmes populations sont également victimes des ravages causés par les exploitations minières, les forages et les marées noires.

Il y a tout juste cinquante ans, les scientifiques qui conseillaient le gouvernement américain ont inventé le concept de "zones nationales de sacrifice". Certains pensaient alors qu'il pouvait être utile de laisser certaines populations et certaines régions souffrir pour le bien commun de la nation. Les Appalaches, qui s'étendent du nord de la Géorgie et de l'Alabama jusqu'au sud de l'État de New York, sont l'une de ces zones. Cette chaîne de montagnes de l'est des États-Unis n'est pas seulement connue pour ses magnifiques paysages : elle l'est aussi pour son charbon. Et aujourd'hui, dans de trop nombreux endroits de la région, la beauté de la nature a été largement sacrifiée pour extraire ce dernier. Des compagnies minières ont commencé à araser les sommets à l'explosif, quitte à devoir, en contrebas, déplacer des villes entières. Quant aux gravats, elles les ont simplement déversés dans les vallées et les cours d'eau. Pourquoi? Parce que l'exploitation à ciel ouvert est plus productive et moins coûteuse en main-d'œuvre que l'extraction traditionnelle par creusement de galeries.

Pour qu'un gouvernement ou une société accepte un tel sacrifice, il (ou elle) doit être en mesure de se désolidariser d'une catégorie de citoyens et de cautionner l'idée que ces derniers valent moins que les autres. Des stéréotypes fleurissent, qui font paraître les travailleurs de ces contrées moins dignes de considération que les autres, et, de fil en aiguille, tous ces clichés servent d'excuses pour abandonner les communautés sacrifiées à leur sort. C'est ce qui est arrivé à la population noire de La Nouvelle-Orléans, avant et après l'ouragan Katrina. Et c'est aussi ce qui a eu lieu dans les Appalaches. Les habitants de cette région étaient dépeints comme des ignorants, des ivrognes sans foi ni loi, et systématiquement traités de péquenauds. Tout cela servait un intérêt : qui se soucierait de protéger une population à ce point dénigrée et, par conséquent, de préserver ses montagnes?

Les villes ne sont pas à l'abri de ce genre d'injustice. Les centrales électriques et les raffineries de pétrole d'Amérique du Nord – sources de bruit et de pollution – sont en grande majorité installées à proximité de communautés afro- et latino-américaines. Ce choix des entreprises s'explique aisément : les populations pauvres n'avaient aucun poids politique ou économique pour exiger un meilleur traitement. Les politiciens américains se montrent beaucoup plus attentionnés avec les régions plus riches, car leurs habitants peuvent être d'éventuels donateurs, mais aussi avoir les moyens d'engager des lobbyistes pour défendre leurs intérêts dans la capitale de leur État ainsi qu'à Washington. C'est pourquoi les gens de couleur ont été contraints de porter le fardeau toxique de la dépendance de nos économies aux combustibles fossiles. C'est ce qu'on appelle le "racisme environnemental".

Pendant très longtemps, les "zones de sacrifice" à travers le monde ont eu un certain nombre de points communs : la pauvreté des populations qui y vivaient; l'isolement géographique de ces dernières; leur absence de pouvoir politique, notamment en raison de leur origine ethnique, de leur langue ou de leur classe sociale; enfin, leur conscience d'avoir été sacrifiées.

Mais aujourd'hui les "zones de sacrifice" s'étendent. Si le charbon semble en voie d'abandon, nos besoins d'énergie ont poussé l'industrie minière à concevoir de nouvelles techniques d'extraction du pétrole et du gaz naturel. L'une d'elles est la fracturation hydraulique, qui consiste à injecter dans le sol une substance liquide sous haute pression destinée à fissurer les roches qui renferment ces hydrocarbures. Bien qu'un tel procédé comporte des risques de fuites, d'incendie, de contamination des nappes phréatiques et d'instabilité géologique, les entreprises estiment le sacrifice justifié dès lors que le combustible récupéré peut être vendu à profit.

La fracturation et d'autres procédés récents permettent désormais à l'industrie d'exploiter le sous-sol de sites à l'accès autrefois trop difficile et trop coûteux. Il est, par exemple, devenu beaucoup plus facile d'extraire du pétrole et du gaz enfouis dans les profondeurs de l'océan, ou mélangés à des gisements de schiste ou de sable bitumineux. Ces nouvelles technologies ont fortement relancé le marché des combustibles fossiles, ce qui n'a fait qu'accentuer l'émission des gaz à effet de serre.

Et tout ce combustible doit être convoyé ailleurs. Rien qu'aux États-Unis, le nombre de wagons-citernes transportant du pétrole est passé de 9 500 à près de 500 000 entre 2008 et 2014. Les trains américains ont renversé plus d'hydrocarbure en 2013 qu'ils ne l'avaient fait en quarante ans depuis 1973. Avec la chute récente des prix du pétrole et la montée en puissance du transport par oléoducs, l'acheminement du pétrole par voie ferrée est désormais moins fréquent aux États-Unis, mais des millions de personnes vivent toujours aux abords des lignes ferroviaires mal entretenues régulièrement empruntées par ces bombes ambulantes. En juillet 2013, un train de soixante-douze wagons pétroliers a explosé en plein Lac-Mégantic, une petite municipalité du Québec, au Canada, tuant quarante-sept personnes et détruisant la moitié du centre-ville.

La même année, une enquête du *Wall Street Journal* révélait que plus de 15 millions d'Américains vivaient à moins de 1,6 kilomètre d'un puits récemment foré ou fracturé – avec tous les risques de fuite de gaz ou de pétrole, mais aussi d'incendie, que cela comporte. Et la journaliste canadienne Suzanne Goldenberg écrivait, dans le *Guardian*, que "des compagnies d'énergie [avaie]nt fracturé des puits sur des terrains où se dressaient des églises, des écoles, des résidences privées".

En 2019, l'administration du président Donald Trump a autorisé la fracturation à la lisière de certains parcs nationaux américains – ce dont rêvaient les compagnies pétrolières depuis longtemps. En Grande-Bretagne, les zones de fracturation envisagées représentent aujourd'hui, en surface cumulée, la moitié environ de la superficie de l'île.

Pour peu qu'il recèle des combustibles fossiles, aucun endroit ne semble désormais insacrifiable, tant les "zones de sacrifice" s'étendent irrémédiablement. Or, vous le savez, la pollution et les destructions causées par l'extraction du charbon, du pétrole et du gaz souterrains ne sont qu'une partie du problème. L'autre concerne les gaz à effet de serre produits par la combustion des énergies fossiles. Ces gaz modifient le climat et, en cela, constituent une menace pour l'humanité et la planète entière.

Si nous voulons sortir de cette grande "zone de sacrifice", nous devons nous unir et faire entendre notre opposition.

CRUAUTÉ CLIMATIQUE

En mars 2019, lorsque la première grève scolaire pour le climat a eu lieu dans la ville de Christchurch, en Nouvelle-Zélande, des jeunes de tous âges ont quitté précipitamment leur établissement en pleine journée. Comme à New York et dans des dizaines d'autres villes du monde, les rues se sont remplies d'écoliers, pancartes à la main, qui ont rejoint les grandes artères où grondait le flot des manifestants. En début d'après-midi, deux mille d'entre eux s'étaient réunis sur une place du centre-ville pour écouter des discours entrecoupés de musique.

"J'étais tellement fière de tout le monde à Christchurch. Tous ces gens ont été si courageux. Ce n'est pas évident de se mettre en grève comme ça", m'a confié Mia Sutherland, 17 ans, l'une des organisatrices de la grève. Elle avait adoré le moment où la foule s'était mise à entonner *Rise Up*, le chant de grève écrit par Lucy Gray, l'écolière de 12 ans qui avait lancé le mouvement à Christchurch.

Amoureuse de nature et de grand air, Mia Sutherland a commencé à s'inquiéter du dérèglement climatique lorsqu'elle a pris conscience qu'il mettait en danger non seulement des régions lointaines et isolées, mais aussi des lieux qu'elle connaissait et chérissait. Puis elle a appris que, dans l'océan Pacifique, des nations entières étaient menacées par l'élévation du niveau de la mer et par la violence croissante des cyclones. Et c'est à ce moment-là que le changement climatique est devenu, pour elle, au-delà de la question environnementale, une question de droits humains : "Ici, en Nouvelle-Zélande, m'a-t-elle dit, nous faisons partie de la famille des îles du Pacifique. Ce sont nos voisins."

Sur la petite estrade de fortune installée au milieu de la place, de jeunes orateurs s'échangeaient le micro et prenaient la parole à tour de rôle. Dans le souvenir de Mia Sutherland, "tout le monde avait l'air parfaitement heureux". Mais alors qu'elle s'apprêtait elle-même à s'exprimer, un ami s'était rué vers elle en s'écriant : "Il faut tout arrêter. Maintenant!" Puis un policier, surgi sur scène, s'était emparé du micro et avait ordonné à la foule de se disperser. C'est en marchant vers son arrêt de bus que Mia Sutherland, consultant son téléphone, avait appris qu'une fusillade meurtrière avait eu lieu à dix minutes de là.

Au moment même où les écoliers de la ville s'étaient mis en grève, un résident néo-zélandais, originaire d'Australie, s'était rendu à la mosquée Al Noor de Christchurch, y était entré et avait ouvert le feu sur les fidèles pendant la prière. Après six minutes de tirs ininterrompus, il s'était rendu dans une autre mosquée, où il avait perpétré le même crime. Ces massacres avaient fait plus de cinquante morts et presque autant de blessés graves.

Le meurtrier de Christchurch était un suprémaciste blanc, c'est-à-dire qu'il croyait dans la supériorité des Blancs sur les gens de couleur et dans l'idée que les gens comme lui avaient, en conséquence, des droits et des privilèges supérieurs. Mais à en croire ce qu'il avait publié sur Internet avant son passage à l'acte, sa haine raciste aurait été également nourrie par la catastrophe écologique. Il se disait "écofasciste".

La consonance verte du préfixe “éco” renvoie au terme “écologie”, qui est la science des relations entre les êtres vivants et leur environnement ; le terme “fasciste” renvoie bien évidemment au fascisme, ce régime politique autoritaire, dictatorial, opposé à toute forme de démocratie, et qui préfère l'identité “raciale” ou nationale à l'universalité des droits de l'homme. Selon le meurtrier, accepter la présence d'immigrés non blancs sur des territoires comme la Nouvelle-Zélande et l'Europe constitue une déclaration de “guerre environnementale”, car, toujours d'après lui, ces régions du monde ne survivraient pas au surpeuplement qui s'ensuivrait.

C'est faux. Ce sont au contraire les pays et les personnes les plus riches du monde qui ont le plus pollué notre planète. Mais tandis que nos sociétés commencent à peine à s'attaquer à la crise écologique et climatique, ce type d'“écofascisme suprémaciste” risque de se développer. En réalité, les gouvernements de certains pays de population majoritairement blanche – inégalement engagés, du reste, dans la lutte contre le changement climatique – utilisent déjà l'excuse de la crise climatique pour ne pas accueillir de migrants et pour réduire leur aide aux nations les plus pauvres.

Indiscutablement, l'Union européenne, les États-Unis, le Canada et l'Australie ont fortement durci leur politique d'accueil des migrants, qui, dès leur arrivée, sont de plus en plus souvent parqués dans des camps ou jetés en prison. L'objectif avoué des gouvernants : décourager les populations désespérées qui n'auraient pas encore tenté de franchir nos frontières de chercher à s'abriter derrière elles.

Nous avons là un exemple criant d'*injustice climatique*, car c'est notamment les conséquences du changement climatique qui poussent certaines populations à émigrer. Parallèlement à cela, partout dans le monde, certains super-riches se préparent à affronter les catastrophes futures et les crises sociales qu'elles risquent d'engendrer en se faisant construire des résidences surprotégées – remplies de vivres – qui sont autant de forteresses. Tout cela creuse un peu plus le fossé entre les riches et les pauvres, et fragilise autant l'idée d'un destin partagé par tous que celle du bien commun. Cela monopolise en outre des ressources qui pourraient être utilisées pour aider les autres. Quoi qu'il en soit, si le pire de ce qui est annoncé devait arriver, la richesse et les forces de sécurité privées seraient incapables de résister éternellement à des bouleversements extrêmes.

C'est pourquoi l'action climatique ne doit pas être dissociée de la justice et de l'équité. On ne peut pas accepter que ce soient les personnes qui ont le moins pollué qui souffrent le plus, ni admettre que les premiers et principaux pollueurs utilisent leur argent pour se protéger des conséquences délétères de leurs actes.

Nous avons donc un choix à effectuer.

Alors que les temps qui viennent s'annoncent âpres et difficiles, dans quel monde souhaitons-nous vivre et quel genre de personnes voulons-nous être ? Allons-nous partager les ressources encore présentes et nous unir pour mettre fin à la menace qui pèse sur l'humanité tout entière ? Ou allons-nous nous évertuer à accumuler égoïstement des réserves, à nous préoccuper exclusivement de nous, et à abandonner le reste de l'humanité à son triste sort ?

PAYER NOTRE DETTE CLIMATIQUE

Nous ne sommes pas condamnés à suivre la pente de la cruauté climatique. D'autres voies s'offrent à nous, pourvu que nous ayons l'honnêteté de reconnaître la "dette climatique" que nous avons – nous, pays riches et surdéveloppés – envers les nations les plus pauvres et les moins développées du monde.

Avec le temps, les gaz à effet de serre s'accumulent dans l'atmosphère : le dioxyde de carbone (CO_2), par exemple, y demeure des centaines d'années – et un excédent, bien davantage. C'est l'accumulation des gaz à effet de serre des deux derniers siècles qui est responsable du changement climatique actuel. Les vieux pays industrialisés, par leur usage prolongé des combustibles fossiles, ont donc beaucoup plus largement contribué à augmenter la température de la planète que ceux qui se sont industrialisés bien plus tard. En outre, comme nous le verrons au chapitre 4, une grande partie des richesses des pays riches vient de l'exploitation des populations arrachées à l'Afrique et des terres volées aux peuples indigènes.

En d'autres termes, la crise climatique est à imputer aux pays les plus riches du monde, dont les États-Unis, les pays d'Europe occidentale, la Russie, la Grande-Bretagne, le Japon, le Canada et l'Australie. Bien qu'ils totalisent moins de 20 % de la population mondiale, ces pays ont émis près de 66 % du dioxyde de carbone responsable du changement climatique. Aujourd'hui, les États-Unis produisent à eux seuls environ 15 % du carbone mondial, alors que leur population représente moins de 5 % de la population mondiale.

Or, en dépit de leur responsabilité dans la crise climatique, les pays les plus riches et les gens les plus fortunés ne sont ni les plus exposés aux catastrophes ni les plus vulnérables. Peu d'entre eux habitent dans les régions les plus chaudes et les plus sèches du globe, et tous sont en capacité de produire leurs ressources ou de les importer – du moins pour l'instant.

En outre, quoique l'Australie et l'ouest de l'Amérique du Nord aient connu des sécheresses et des incendies dévastateurs, les revenus et le niveau de vie de ces pays, globalement plus élevés qu'ailleurs, permettent à de nombreuses personnes de s'équiper d'un réfrigérateur et d'une climatisation, ou de déménager en cas de besoin. Cela dit, même dans ces pays, de tels "privilèges" restent inabordables pour un nombre toujours plus grand d'habitants.

À cet égard, les répercussions sociales de l'ouragan Katrina ont été tragiquement exemplaires du fait que les personnes les plus démunies et les nations les plus pauvres sont bel et bien les premières et les principales victimes des émissions de gaz à effet de serre. En 2018, la Banque mondiale a estimé que d'ici 2050 les inondations, la chaleur, la sécheresse ou les pénuries alimentaires causées par le dérèglement climatique chasseront de leurs foyers plus de 140 millions de personnes vivant actuellement en Asie du Sud, en Amérique latine et en Afrique subsaharienne. Pour nombre d'experts, ce chiffre sera plus élevé encore. La plupart de ces réfugiés climatiques demeureront dans leur pays, en s'entassant dans des villes ou des bidonvilles déjà surpeuplés et sous pression. Beaucoup, cependant, essaieront de trouver une vie meilleure sous d'autres cieux.

La justice élémentaire voudrait que les personnes responsables des préjudices qu'ils font subir aux autres leur soient redevables. Pour commencer, les plus riches devraient s'employer à réduire au minimum, et le plus vite possible, leurs émissions de gaz à effet de serre. Il faudrait ensuite que soit reconnu aux populations le droit de se déplacer et de se mettre à l'abri quand cultiver leurs terres, devenues trop arides, se révèle impossible, ou quand elles se voient menacées par la montée rapide du niveau des mers. Cela pourrait impliquer d'aider les migrants climatiques à se réfugier quelque part dans leur pays ou à s'installer ailleurs dans le monde.

Enfin, troisième avancée en faveur d'une plus grande justice, les pays les plus riches et les plus développés devraient payer leur dette climatique aux nations les plus pauvres et les moins développées afin de s'acquitter, nous l'avons dit, de ce qu'ils leur doivent au regard de l'Histoire.

Au-delà d'un certain seuil, la quantité de dioxyde de carbone absorbé par l'atmosphère terrestre constitue un risque pour la planète. C'est pourquoi l'humanité s'est fixé un "budget carbone" à ne pas dépasser. Malheureusement, les pays riches en avaient déjà épuisé la majeure partie avant même que la plupart des pays pauvres n'aient eu la possibilité de s'industrialiser. Aussi complexes qu'en soient les raisons, toutes sont liées à l'héritage du colonialisme et de l'esclavage. Aujourd'hui, les pays à faible revenu tentent de rattraper leur retard. Leurs populations souhaitent accéder aux biens qui, dans les pays riches, sont devenus les attributs élémentaires de la modernité : notamment l'électricité, des systèmes sanitaires et des réseaux de transport efficaces. Et ils y ont droit. Malheureusement, si le monde entier se met à copier le mode de vie dispendieux des pays riches, qui implique une grande consommation de combustibles fossiles, la température de la planète va grimper en flèche.

L'idée de la dette climatique est donc de trouver une solution équitable à ce dilemme. En 2006, l'Équateur, un pays relativement pauvre d'Amérique du Sud, l'a proposée au reste du monde, mais, à l'époque, peu de pays s'y sont montrés sensibles.

Là-bas, de nombreuses zones naturelles sont protégées. Le parc national Yasuni est l'une d'entre elles. Dans cette immense étendue de forêt tropicale vivent plusieurs tribus indigènes qui, pour protéger leur mode de vie, refusent tout contact avec le monde extérieur. En outre, peu immunisés contre les maladies courantes telles que la grippe, ils courraient un grand danger en entrant en relation avec des étrangers.

Ce parc contient, dans un seul hectare, autant d'espèces d'arbres qu'il pousse d'essences indigènes en Amérique du Nord. L'endroit abrite également de nombreuses espèces animales menacées, comme la loutre géante, le singe-araignée à ventre blanc et le jaguar. C'est dans ce genre d'endroits que l'écrivain et grand naturaliste britannique David Attenborough réalise ses fabuleux documentaires.

Malheureusement, ces terres débordantes de vie regorgent aussi de pétrole : jusqu'à 850 millions de barils. Autant de milliards de dollars que les compagnies pétrolières rêveraient d'acquérir. Une manne qui doperait l'économie équatorienne et pourrait, en outre, servir à lutter contre la pauvreté qui sévit dans le pays. En revanche, la combustion d'une telle quantité de pétrole et l'exploitation consécutive de la forêt tropicale ajouteraient 547 millions de tonnes de dioxyde de carbone à l'atmosphère. La problématique n'est donc pas seulement équatorienne, elle concerne la Terre entière.

En 2006, le groupe environnemental équatorien Acción Ecológica ("Action écologique") a eu une idée : en échange de la préservation de la réserve naturelle de Yasuni, le reste du monde rembourserait à l'Équateur une partie de la manne pétrolière non perçue. Tout le monde y trouverait son compte. Cela permettrait d'éviter une surproduction de gaz à effet de serre, de protéger la faune et la flore amazoniennes, et de donner à ce pays les moyens d'investir dans la santé, l'éducation et les énergies propres et renouvelables.

En d'autres termes, l'Équateur ne devait pas être seul à payer le prix d'un sacrifice économique censé profiter à la

Protestant contre l'exploitation du pétrole sur leurs terres, des indigènes du parc national Yasuni (Équateur) sont venus manifester leur désaccord à Quito, la capitale du pays, et ont dû affronter les forces de police.

planète entière. La perte devait être partagée avec les pays fortement industrialisés, qui étaient déjà en grande partie responsables de l'excès de dioxyde de carbone rejeté dans l'atmosphère, et en avaient tiré d'immenses profits, en s'appuyant notamment sur l'esclavage et le colonialisme. L'objectif de ce plan était d'aider le pays à dépasser le modèle polluant qui avait prévalu jusqu'à présent et à entrer dans une nouvelle ère de développement écologique. En outre, un tel arrangement pourrait servir de modèle à d'autres pays pour le remboursement de la dette climatique ou écologique auquel ils auraient droit.

Le gouvernement d'Équateur a défendu le plan Yasuni devant la communauté internationale, poussé par la population équatorienne, très majoritairement favorable : selon un sondage effectué en 2011, 83 % des Équatoriens souhaitaient voir le pétrole rester inexploité. Trois ans plus tôt, ils n'étaient que 41 %. Comme quoi, un projet de transformation positive peut rapidement emporter l'adhésion populaire.

La protection de la réserve naturelle de Yasuni a été estimée à 3,6 milliards de dollars, mais les pays développés ont mis du temps à payer leur contribution – ou ne l'ont jamais versée. Six ans plus tard, le pays n'aurait reçu que 13 millions de dollars.

Faute d'avoir pu recueillir la somme espérée, le président équatorien a donc fini par annoncer qu'il allait autoriser le forage. Mais les partisans équatoriens du plan de remboursement de la dette climatique n'ont pas voulu renoncer. Des collectifs de citoyens et des organisations à but non lucratif ont fait campagne contre cette décision, et des manifestants ont exprimé leur désaccord, au risque de se faire arrêter ou de recevoir des tirs de balles en caoutchouc. En vain : Yasuni a subi un premier forage en 2016. Et trois ans plus tard, le gouvernement a autorisé l'ouverture d'un troisième gisement pétrolifère, cette fois à l'intérieur même de la zone où vivaient des tribus jusqu'alors isolées du monde.

Le gouvernement équatorien affirme que tout est fait pour que l'extraction du pétrole ne nuise pas à l'environnement. Même si cela était, il n'en reste pas moins que l'exploitation du pétrole du parc Yasuni signifie, sur le plan mondial, une augmentation de la consommation des combustibles fossiles, donc une plus grande production de gaz à effet de serre, et, par conséquent, une aggravation de la crise climatique.

L'Amérique latine, l'Afrique et l'Asie sont pleines d'opportunités pour les pays riches qui souhaiteraient franchir le pas et payer leurs dettes climatiques. Mais il faudrait, pour cela, que les grandes fortunes et les pays riches reconnaissent enfin ce qu'ils doivent aux nations qui se retrouvent engluées dans une crise qu'elles n'ont pas contribué à créer.

Quelles sont les responsabilités des riches ? Et quels sont les droits des pauvres, indépendamment du lieu où ils vivent ? Tant que nous ne répondrons pas à ces questions, notre vision étriquée du monde nous empêchera de résoudre le problème de la crise climatique. Et nous continuerons tragiquement à perdre de magnifiques occasions de nous racheter, comme ce fut le cas avec le parc Yasuni.

DES LABORATOIRES POUR L'AVENIR

Après l'ouragan Katrina, La Nouvelle-Orléans est devenue une sorte de laboratoire pour savants fous. Les entreprises ainsi que leurs soutiens au sein du gouvernement et d'un certain nombre de *think tanks* se sont livrés à des expériences sur les institutions publiques : des secteurs clés tels que la santé publique et l'éducation – hier considérés comme des biens communs – ont été transformés du jour au lendemain en opportunités commerciales. Cela n'a fait que majorer la fracture économique entre riches et pauvres et rendre la ville encore plus fragile face aux catastrophes.

Mais les désastres de demain pourraient aussi devenir des laboratoires d'expérimentation du bien commun. Qu'il s'agisse d'événements climatiques, tels que les inondations, les tremblements de terre et les tempêtes, ou de bouleversements politiques comme les guerres, les catastrophes mettent les inégalités cruellement en évidence. C'est là la seule vertu des cataclysmes : en perturbant le cours ordinaire des choses, ils nous ouvrent les yeux sur les injustices sociales et climatiques, et ainsi, souvent, nous poussent à modifier nos manières d'agir.

Combien de catastrophes ont permis aux riches et aux puissants de s'enrichir ? Ne serait-il pas temps de considérer qu'elles devraient bien plutôt être l'occasion de consacrer et d'affermir le bien public ?

Les gouvernements, les autorités locales et les organisations humanitaires pourraient faire en sorte d'encourager les gens à réagir aux catastrophes par l'entraide et le soutien direct aux communautés touchées, et non en se contentant de financer les entreprises locales qui ont les reins bien assez solides pour résister aux tempêtes. Nous verrons au chapitre 6 que certains endroits du monde l'ont déjà expérimenté. Prendre la voie de la justice climatique, c'est se préparer aux futurs assauts du climat et mieux s'en prémunir.

Vous le voyez, la jeunesse militante a raison de s'inquiéter. L'état du climat et nos modes de vie nous exposent à une situation critique qui exige une réponse immédiate. Mais quelles actions allons-nous mener – tant individuellement que collectivement – pour préserver l'avenir de tous et de la vie en général ?

Éviter de répéter les erreurs du passé exige que nous ayons conscience de ce que nous avons fait pour en arriver là, à cette crise climatique et à l'accumulation de la dette climatique.

La partie qui suit en brosse le tableau – à grands traits.

II

COMMENT EN SOMMES-NOUS ARRIVÉS LÀ ?

4

Tourner le dos au passé, préparer l'avenir

Tout a commencé, en 1757, dans le laboratoire d'un Écossais de 21 ans, James Watt, dont le métier consistait à fabriquer et à réparer les fragiles instruments dont se servaient les scientifiques et les mathématiciens de l'époque. L'endroit ressemblait d'ailleurs à un atelier.

Cette année-là, après avoir réparé du matériel astronomique pour l'université de Glasgow, il fut invité par l'établissement à s'installer entre ses murs. Six ans plus tard, s'efforçant de réparer un moteur à vapeur, James Watt a eu l'idée d'en améliorer le fonctionnement – "sans doute l'invention qui a contribué le plus à l'émergence des temps modernes", pour reprendre les mots de l'historienne américaine Barbara Freese.

C'est ce moteur qui a permis le développement et le déploiement de l'industrie à travers le monde. C'est donc lui qui est à l'origine de la consommation massive des combustibles fossiles et de la crise climatique que nous connaissons.

LA PUISSANCE DU WATT

Peut-être vous demandez-vous d'où viennent ces combustibles ? D'abord, vous devez savoir que s'ils sont dits "fossiles", c'est parce que le charbon, le pétrole et le gaz naturel sont constitués de débris organiques fossilisés, c'est-à-dire de restes d'entités animales ou végétales mortes il y a des millions, voire des centaines de millions d'années. Bien sûr, nous ne parlons pas ici de restes de grands mammifères comme les dinosaures : pour commencer, le charbon et certains types de gaz naturel proviennent uniquement de débris végétaux (arbres et autres plantes) ; le pétrole, quant à lui, ainsi que la plupart des gaz naturels proviennent de minuscules plantes aquatiques telles que les algues, ou de créatures océaniques microscopiques de la famille du plancton.

Après leur mort, ces organismes ont fini par rejoindre le fond d'anciens marécages ou celui des océans. Au fil du temps (on parle là en millions d'années), la terre s'est progressivement accumulée par-dessus ces milliers de milliards de débris organiques. La pression exercée par le poids de la terre a alors provoqué des réactions chimiques qui ont transformé les restes organiques en charbon, en pétrole brut ou en gaz naturel.

Précisons que les hommes utilisaient les combustibles fossiles bien avant James Watt. Dans les zones humides et les régions à tourbières, on a longtemps extrait la tourbe du sol, laquelle n'est rien de moins qu'une matière végétale ancienne partiellement décomposée. Si celle-ci était restée dans le sol quelques dizaines de millions d'années supplémentaires, elle se serait vraisemblablement transformée en charbon. Cela dit, même à l'état de tourbe, elle pouvait servir de combustible pour chauffer les maisons.

Le charbon – plus profondément enfoui dans le sol que la tourbe et donc plus difficile à extraire – fournissait cependant davantage de chaleur. À l'époque de Watt, de nombreuses maisons britanniques étaient équipées de foyers ou de chaudières à charbon. En fait, la machine que Watt a été chargé de réparer en 1763 était un moteur de Newcomen – la toute première machine à vapeur fonctionnelle, quoique encore inaboutie, inventée en 1712 par le forgeron britannique Thomas Newcomen, qui servait principalement à pomper l'eau des mines de charbon inondées.

Schématisons : une machine à vapeur est comme une grande bouilloire qui, au lieu de siffler en laissant la vapeur s'échapper, va la maintenir prisonnière et se servir de son énergie pour mouvoir une machine. De même que la bouilloire doit être posée sur une source de chaleur pour fonctionner, une machine à vapeur a besoin d'un combustible pour chauffer l'eau qui produira la vapeur.

Les machines de Newcomen fonctionnaient de la façon suivante : elles brûlaient du charbon qui, en se consumant, chauffait l'eau d'une chaudière et produisait de la vapeur ; celle-ci gagnait un cylindre étanche couvert d'une pièce mobile parfaitement ajustée, appelé "piston" ; par un système de robinet et de condensation, un vide était créé qui permettait au piston de descendre tout en bas du cylindre ; ensuite, la vapeur était de nouveau envoyée dans le cylindre et repoussait le piston vers le haut ; le mouvement du piston entraînait celui d'une tige attachée au sommet extérieur du piston, laquelle, par un système de balancier qui profitait de l'énergie créée, actionnait une pompe : c'est ainsi que l'eau des mines inondées était aspirée.

En réparant la "pompe à feu" de Newcomen que lui avait confiée l'université, Watt s'est aperçu qu'elle gaspillait de l'énergie : à chaque mouvement du piston, le moteur refroidissait et le cylindre devait être constamment réchauffé avec une grande partie de la vapeur produite. Ce n'est que deux ans plus tard qu'il eut l'idée pour y remédier de doter la machine d'une chambre de condensation séparée. Le modèle qu'il mettrait au point se révélerait moins gourmand en énergie et beaucoup plus puissant.

Les années suivantes, Watt ne cessa de perfectionner son invention et de chercher un partenaire pour la commercialiser. Les premiers moteurs – sortis des ateliers en 1776 – ont d'abord eu le même rôle que celui de Newcomen : actionner les pompes de drainage des mines inondées. Jusqu'à ce que le partenaire de Watt, Matthew Boulton, qui estimait le marché trop limité, lui suggère de concevoir des modèles capables d'alimenter en énergie d'autres types de machines. Watt s'est exécuté et, en 1782, une scierie – qui utilisait jusqu'alors la force de douze chevaux pour fournir de l'énergie à son banc de sciage – leur a commandé un moteur pour les remplacer. Watt a calculé que le travail effectué par un cheval équivalait à soulever de un pied (environ 30 centimètres) une masse de 3 000 livres (1,36 tonne) en une minute. Ainsi naquit le *horsepower*, l'unité de mesure anglo-saxonne de la puissance énergétique. Les pays utilisant le système métrique l'ont adapté en définissant le "cheval-vapeur" comme la puissance développée par un cheval pour élever de un mètre une masse de 75 kilos en une seconde. James Watt n'a donc pas, à proprement parler, inventé la machine à vapeur, mais il l'a

En modernisant l'industrie, le moteur à vapeur et les machines qu'il faisait tourner (comme cette locomotive) ont révolutionné le monde. Mais aussi ouvert la voie au changement climatique.

considérablement améliorée. Alimenté au charbon – d'autant que cette ressource semblait inépuisable –, son moteur s'est révélé un puissant et infatigable producteur d'énergie, une machine idéale pour les puissants de l'époque.

UN MONDE À PRENDRE

Avez-vous déjà essayé de mettre des mots sur ce qui vous relie à la nature ? Vos idées en la matière sont-elles proches de celles que défend la société dans laquelle vous vivez, ou entrent-elles en contradiction avec ce que vous observez autour de vous ?

Tous les peuples n'ont pas eu la même façon de penser leur relation au monde. Par exemple, les Indiens Iroquois ont pour tradition de ne prendre une décision qu'après avoir estimé ses conséquences non seulement sur les générations vivantes mais aussi sur les sept prochaines générations. De nombreuses cultures ont pour philosophie d'enseigner aux hommes la nécessité d'être à la fois de bons ancêtres (en devenir) et de bons citoyens, s'interdisant d'agir au détriment du bien-être des générations futures. Et les jeunes de la réserve des Cheyennes du Nord ne m'avaient-ils pas dit que leur culture leur apprenait à ne pas consommer au-delà de leurs besoins et à restituer à la terre ce qu'ils lui prenaient afin qu'elle puisse continuer à se régénérer et à porter la vie ?

Il existe encore, de par le monde, des peuples – notamment parmi les populations indigènes – qui cultivent cette manière de voir. Mais, il y a plusieurs siècles, ces conceptions ont cédé la place, un peu partout dans le monde, à une autre vision de la relation homme-nature. Une majorité de l'humanité a commencé à traiter la nature comme un objet ou une machine qu'il lui fallait contrôler. Plus précisément, cette vision s'est imposée en Europe et dans ses empires coloniaux à partir du XVIe siècle, y compris dans ce qui allait devenir les États-Unis d'Amérique. Elle est désormais indissociable de l'économie mondiale, qui accorde une importance primordiale à l'extraction des ressources terrestres, et bien sûr à leur exploitation. Certains appellent cette logique dominante l'"extractivisme".

S'il fallait trouver une paternité à ce mode de pensée, elle reviendrait sans doute au philosophe et scientifique britannique Francis Bacon (1561-1626), à qui l'on reproche parfois d'avoir convaincu les classes éduquées de cesser de voir la Terre comme une mère nourricière qu'on devrait respecter – et parfois craindre. Pour Bacon, l'homme existe indépendamment de la nature; et la Terre, dominée par lui, est là pour être exploitée. Dans *De la dignité et de l'accroissement des sciences* (1623), il a écrit que l'homme doit, "à volonté, la conduire, la pousser".

Partant de là, il n'y a pas de limite à la connaissance que nous pouvons avoir de la Terre, ni au contrôle que nous pouvons exercer sur elle. Cette idée est également présente dans les écrits d'un autre philosophe britannique, John Locke (1632-1704), dont la pensée a contribué à forger le concept moderne de liberté. Dans le *Traité du gouvernement civil* (1690), on peut lire que l'état des hommes est "un état de parfaite liberté, un état dans lequel [...] ils peuvent faire ce qu'il leur plaît". Un peu avant lui, en France, le grand philosophe René Descartes (1596-1650) avait aussi écrit que la science des hommes pouvait les "rendre comme maîtres et possesseurs de la nature".

Cette conception de notre rapport au monde pose problème : si vous partez du principe que vous possédez quelque chose, ou que vous en êtes "maître", et non du principe qui voudrait que vous ne soyez qu'une partie de cette chose, vous pourriez penser pouvoir en disposer librement, et sans risque. Une telle philosophie – en particulier, chez Bacon, celle d'une nature dont l'étude permettrait le contrôle – a ouvert la voie aux tentations colonialistes d'un certain nombre de cours européennes, dont les navires ont sillonné le globe pour en percer les secrets et en ravir les richesses. Ces explorations ont ainsi été l'occasion, pour un certain nombre de nations européennes, de revendiquer la possession de terres lointaines, tout en imposant aux autochtones de devenir les sujets des nations qui les colonisaient.

En ce temps-là, les riches Européens s'imaginaient tout-puissants face à la nature et face aux populations indigènes, éloignées de la foi chrétienne, mais plus près qu'eux de la nature. On retrouve cet état d'esprit dans les mots du révérend et philosophe naturaliste britannique William Derham (1657-1735) : "En cas de besoin, nous pouvons parcourir la terre, pénétrer dans ses entrailles, descendre au fond de la mer, et entreprendre des voyages vers les régions les plus éloignées ; soit pour acquérir des richesses, soit pour augmenter nos connaissances, soit même pour récréer nos yeux et notre imagination." L'heure était alors à la conquête triomphante, à la capture et à l'asservissement des populations non européennes. Et de cette conviction que la Terre était une sorte de distributeur automatique inépuisable – rempli de biens attendant juste qu'on les prenne – est né le rêve de l'extractivisme.

Il ne manquait plus qu'une source fiable d'énergie pour transformer ce rêve en réalité.

LA RÉVOLUTION

Les vingt premières années, la nouvelle machine à vapeur a été difficile à vendre. Les roues hydrauliques, utilisées par la plupart des industries, avaient beaucoup d'attraits. Pour commencer, l'eau était gratuite, tandis que la machine à vapeur imposait d'acheter régulièrement du charbon. En outre, cette technologie n'était pas beaucoup plus efficace : les grandes roues hydrauliques pouvaient même développer une puissance plusieurs fois supérieure à celle des machines à charbon.

Mais avec la croissance démographique, deux choses ont fait pencher la balance en faveur de la vapeur. D'abord, la nouvelle machine n'était pas soumise aux caprices de la nature : tant qu'il y avait du charbon pour l'alimenter, son rythme de travail était régulier ; elle ne dépendait pas du débit des rivières, qui fluctuait au fil des saisons.

L'autre avantage de la machine à vapeur était géographique : tandis que les roues hydrauliques devaient être situées le long des chutes ou des rapides, les usines à vapeur pouvaient être implantées n'importe où. Les industriels britanniques pouvaient donc déplacer leurs activités des localités lointaines ou de la campagne vers les grandes villes, comme Londres. Dans les villes, où la main-d'œuvre disponible était abondante, ils pouvaient facilement licencier les fauteurs de troubles et briser les grèves ouvrières. Et bientôt, l'approvisionnement en carburant n'y serait plus un problème : le développement des locomotives à vapeur permettrait en effet de relier les mines de charbon aux grands centres industriels, quelle que soit leur localisation.

De la même façon, lorsque la machine de Watt est venue remplacer les voiles des bateaux, la navigation a cessé de dépendre des vents. La conquête européenne des pays lointains n'en a été que plus facile. En 1824, lors d'une cérémonie tenue en l'honneur de James Watt, le comte de Liverpool a déclaré : "Quels que soient les vents, quel que soit l'endroit du monde où nous voulons frapper, la machine à vapeur nous donne le pouvoir de le faire de la façon et à l'heure qui nous conviennent."

Pourtant, il est vite apparu que l'exploitation des combustibles fossiles avait de terribles conséquences, notamment sur la santé des mineurs et sur la propreté des cours d'eau situés à proximité des mines. Sans compter la traite de millions d'Africains sacrifiés sur l'autel de la révolution industrielle. Nous en reparlerons bientôt. Malheureusement, la liberté et le pouvoir que promettait le charbon aux propriétaires des mines, des usines et des compagnies maritimes semblaient justifier toutes les infamies. Avec cette source d'énergie, utilisable en tout lieu, l'industrie et le colonialisme pouvaient aller là où la main-d'œuvre était la moins chère et la plus facile à exploiter, et partout où il y avait des ressources précieuses à ravir. Le charbon symbolisait le contrôle absolu des autres peuples et celui de la nature. Il a donné vie au rêve de Bacon et propulsé la révolution industrielle.

Parallèlement, le sentiment qu'il n'y avait aucune limite – ni dans le temps, ni dans l'espace – à l'accaparement des ressources naturelles s'est révélé délétère à tous les niveaux de la société. Avec lui est né le désir effréné d'acheter et de posséder toujours plus, car désormais les usines à charbon pouvaient fabriquer autant de biens de consommation qu'il y avait de gens susceptibles d'en acheter.

Il n'est pas étonnant qu'à cette époque la croissance du secteur manufacturier britannique fût extraordinaire. En témoigne, par exemple, l'industrie du coton. Celui-ci venait en grande partie des États-Unis et des Caraïbes, où il avait été cueilli par les esclaves africains et leurs descendants. Une fois qu'il était arrivé en Grande-Bretagne, les usines de textile le transformaient en tissus et en vêtements, lesquels finissaient aussi bien sur le marché intérieur que sur le marché international.

Pour l'industrie textile, c'était bel et bien une révolution. Et deux choses en particulier l'avaient rendue possible : le charbon domestique, qui alimentait les usines et la flotte marchande; et le travail des esclaves dans les lointains champs de coton. Dans ce système, la terre et les hommes qui la travaillaient étaient traités comme des objets dont on pouvait tirer parti sans limites.

Ainsi est né le capitalisme moderne. L'afflux massif de nouveaux produits manufacturés s'accompagnait toujours de nouveaux marchés pour les écouler. Jusqu'à présent, pour vivre, la plupart des gens se fournissaient directement auprès des artisans et des petites exploitations agricoles locales. Désormais, l'économie était centrée sur le marché, où tous les articles s'achetaient et se vendaient, d'aussi loin qu'ils viennent.

L'une des principales caractéristiques de ce nouveau modèle économique était – et demeure – le consumérisme. Dans une économie de marché, le rôle des gens est d'être des consommateurs. La publicité est là pour les inciter à acheter de nouveaux produits, en remplacement des anciens. Il arrive que les politiques, eux-mêmes, véhiculent le message qu'il est du devoir des citoyens de consommer. La croissance économique, entend-on, est à ce prix.

Bien sûr, la révolution industrielle n'est pas restée cantonnée dans la patrie de James Watt. Elle a rapidement gagné l'Europe occidentale et l'Amérique du Nord. Et puisqu'elle était alimentée par le charbon, son avancée a provoqué les premiers changements d'origine anthropique observés dans l'atmosphère. Vous en connaissez désormais la raison : la combustion du charbon, tout comme celle du pétrole et du gaz naturel, émet des gaz à effet de serre, qui, pour certains, ont une très longue durée de vie dans l'atmosphère.

Cette durée dépend de la nature du gaz. Les quatre principaux types de gaz à effet de serre sont : le méthane (CH_4), le protoxyde d'azote (NO_2), le dioxyde de carbone (CO_2), et les halogénoalcanes, une famille de gaz dont font partie les gaz fluorés – à l'instar des hydrofluorocarbures utilisés dans la réfrigération et la climatisation. Une fois dans l'atmosphère, chaque type de gaz à effet de serre a une durée de vie spécifique.

Une partie de l'énergie solaire est renvoyée dans l'espace par l'atmosphère. Le reste atteint la surface terrestre, qui en réfléchit à son tour la plus grande partie. Malheureusement, les gaz à effet de serre présents dans l'atmosphère en retiennent une grande quantité, avec pour conséquence d'augmenter les températures mondiales. Les principaux gaz à effet de serre sont le dioxyde de carbone (CO_2), le méthane (CH_4), le protoxyde d'azote (NO_2) et les halogénoalcanes, une famille de gaz dont font partie les gaz fluorés utilisés dans la réfrigération et la climatisation.

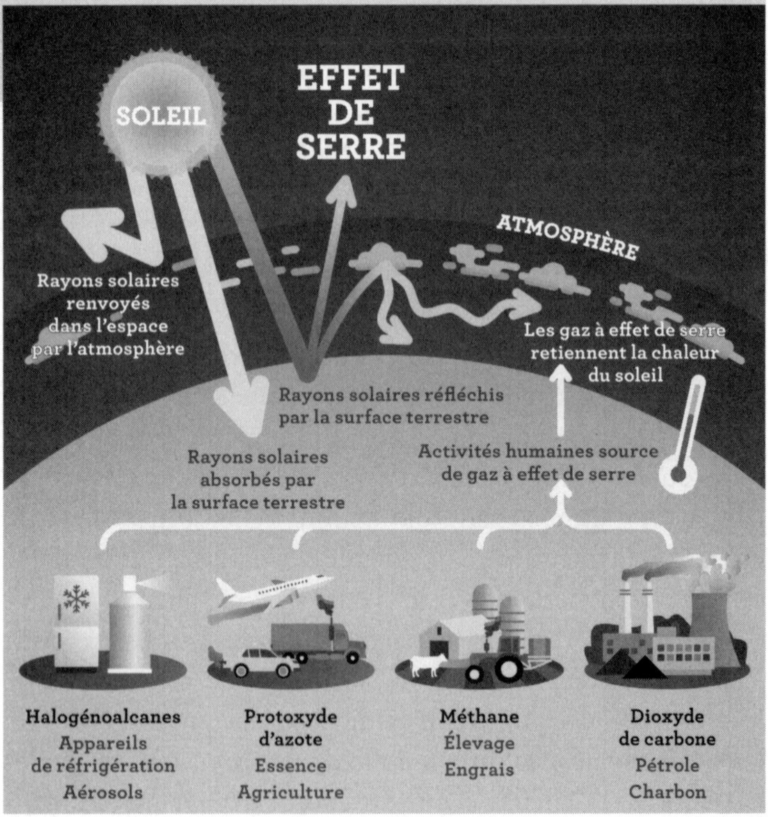

Une partie du méthane a une origine naturelle : la décomposition des matières végétales, par exemple. Mais l'homme en produit également en extrayant des combustibles fossiles, en élevant du bétail, et en stockant des masses de déchets dans des décharges ou dans des sites d'enfouissement. La durée de vie du méthane dans l'atmosphère est d'environ douze ans.

La durée de vie du protoxyde d'azote – un gaz émis par les engrais azotés, les déjections animales et certains procédés industriels – est beaucoup plus longue : environ cent quatorze ans.

Les gaz fluorés jouent un rôle moins important dans le réchauffement de la planète que les autres gaz à effet de serre, mais certains d'entre eux persistent dans l'atmosphère durant des milliers d'années.

Le gaz à effet de serre le plus néfaste pour le climat est le dioxyde de carbone. En cause : l'usage massif des combustibles fossiles, aggravé par les effets de la déforestation (à savoir l'abattage des arbres à grande échelle, voire le défrichement par le feu). Une partie est absorbée par l'océan, mais le reste demeure dans l'atmosphère durant des centaines, voire des milliers d'années en cas de gros excédent.

On comprend mieux l'emprise fatale de la machine à vapeur sur le monde.

Purées de pois mortelles

Depuis les temps anciens, le brouillard appartient aux paysages londoniens. La capitale britannique, située dans une vallée, est traversée par la Tamise. Lorsque le fleuve produit de la vapeur, celle-ci peut se répandre à travers la ville et emplir ses rues d'une brume morne et froide.

À partir du XIXe siècle, cependant, les brouillards londoniens ont changé : ils sont devenus plus fréquents, plus denses, et parfois extrêmement irritants pour les yeux et la gorge. Ce n'était plus seulement du brouillard, c'était devenu du *smog* : un mélange de brouillard, de fumée et de suie, provenant principalement de la combustion du charbon. La couleur jaunâtre de ce brouillard sale et épais lui a valu le surnom de "purée de pois".

Dans son "Histoire du brouillard londonien" *(London Fog: The Biography)* publiée en 2015, l'écrivaine britannique Christine L. Corton écrit que les années 1890 ont été globalement les pires : pendant toute cette décennie, la ville était plongée dans le brouillard soixante-trois jours par an en moyenne. Mais l'épisode le plus critique est survenu en 1952 : l'année du "grand smog de Londres".

Tout a commencé le 5 décembre, quand un brouillard a recouvert la ville. D'abord d'apparence normale, il s'est aussitôt transformé en un smog jaune-brun où se mélangeaient différentes sources de pollution : les fumées des feux de cheminées, celles des cheminées d'usines, et les noires exhalaisons des automobiles. Le lendemain, le doute n'était plus permis : la purée de pois était pire que d'habitude. Un anticyclone s'était installé au-dessus de la vallée et y stagnait. Faute de vent, la masse d'air froid, étendue sur quarante-huit kilomètres et obscurcie par le smog, enveloppait Londres et la retenait prisonnière.

Comme toutes les purées de pois de l'histoire de la ville, le grand smog était une conséquence directe de la révolution industrielle, qui s'était accompagnée d'une augmentation constante de l'utilisation du charbon, tant par l'industrie et les centrales électriques que par les particuliers, qui s'en servaient pour alimenter leurs chaudières et leurs cheminées. Le charbon responsable de la majeure partie de la pollution de Londres aux XIXe et XXe siècles était riche en soufre. D'où la couleur jaunâtre et le caractère irritant du smog londonien, mais aussi l'odeur d'œuf pourri qu'il faisait régner. Le smog déposait une pellicule grasse et noire sur tout ce qu'il touchait, y compris sur le visage des gens.

La colonne Nelson pendant le grand smog de Londres de 1952. Comme on le voit sur cette photo d'archives, ce monument était à peine visible à midi.

Le grand smog s'est vite révélé exceptionnel. Sa densité était telle que les automobilistes abandonnaient leurs véhicules au milieu de la route. Tous les trains et les vols en partance ont été annulés. Les oiseaux, aveuglés, s'écrasaient contre les bâtiments. Même les salles de cinéma ont dû fermer, car le smog, qui s'infiltrait partout, empêchait même de voir les écrans. Seuls les criminels lui ont trouvé un avantage : il permettait de disparaître aisément après un vol ou un cambriolage.

Cinq jours plus tard, le vent a fini par se lever et a balayé l'épais nuage de fumée. Malheureusement, la population a durablement ressenti les effets de ce brouillard hors norme. Des milliers de personnes sont tombées malades et sont mortes d'une bronchite ou d'une pneumonie (entre autres maladies respiratoires). On estime aujourd'hui que le grand smog a causé la mort d'au moins 8 000 personnes. Les très jeunes enfants, les gens âgés et les fumeurs en ont été les principales victimes.

Quatre ans après cet événement dramatique, le gouvernement britannique a adopté une loi sur la pureté de l'air, visant à limiter l'utilisation du charbon dans les villes. Les "purées de pois" londoniennes se sont alors raréfiées à mesure que l'usage du charbon diminuait. Les smogs n'ont pas pour autant disparu, et la ville a connu d'autres épisodes meurtriers, mais jamais dans les proportions du grand smog de 1952. Les milliers de victimes de cette catastrophe majeure ont poussé le gouvernement à agir, signe que de grands changements sont possibles quand la vie et la santé des gens sont en jeu. Si Londres a évolué dans les années 1950, nous pouvons aussi faire bouger les lignes aujourd'hui.

SIGNAUX D'ALERTE

La révolution industrielle est née avec le début de l'exploitation des combustibles fossiles par les Européens, qui, durant deux siècles, ont bel et bien donné l'impression de soumettre la nature à leur bon vouloir, comme Francis Bacon l'avait recommandé. Mais, avec le temps, nous nous sommes souvenus d'une chose que nos ancêtres s'étaient bien gardés d'oublier : dans la nature, il y a un principe de réciprocité qui veut qu'il y ait toujours un donné pour un rendu. Nous savons aujourd'hui que tout est lié et que toute cause produit un effet. L'exploitation des combustibles fossiles avait un prix. Nous en avons seulement différé le paiement.

Après avoir exploité ces derniers durant des siècles, nous nous rendons compte aujourd'hui que les effets cumulés de leur combustion ont fragilisé la santé du vivant et rendu la nature plus violente : des sécheresses plus longues et plus sévères, des feux de forêt plus destructeurs, des tempêtes plus puissantes, entre autres calamités. Pour la biologiste équatorienne Esperanza Martínez, "le XXe siècle a clairement montré que les combustibles fossiles, dont le système capitaliste se nourrit, détruisent la vie – tant dans les territoires d'où ils sont extraits que dans les océans et dans l'atmosphère, qui en absorbent les résidus".

Les premières conséquences de la révolution industrielle n'ont pourtant pas tardé à apparaître : beaucoup de mineurs mouraient d'anthracose, une maladie pulmonaire due à l'inhalation des poussières de charbon ; les conditions de travail, dans les nouvelles usines, étaient d'autant plus terribles qu'il n'existait encore aucune loi pour limiter les heures de travail, empêcher le labeur des enfants et garantir la sécurité des ouvriers ; enfin, bien sûr, le sort des esclaves – qui récoltaient le coton, le caoutchouc, le riz et la canne à sucre pour bon nombre de ces usines – était, de loin, le pire de tous. L'environnement aussi a vite porté quelques cicatrices dues au progrès industriel. Dans les régions minières, l'atmosphère champêtre d'autrefois s'est vue remplacée par un air chargé de suie, des cours d'eau pollués, et de grands tas de déblais au voisinage des mines.

Tous ces signaux – qui auraient dû nous alerter sur ce que nous infligions à la planète – se sont multipliés au cours du XXe siècle. Malheureusement, la plupart des gens n'ont commencé à leur prêter véritablement attention qu'après avoir pris conscience de la réalité du changement climatique et du danger qu'il fait peser.

Voyons maintenant comment, à la fin du XXe siècle, des scientifiques, des écrivains et des gens de tous âges se sont réunis pour remettre en question la vision d'une nature exploitable indéfiniment et pour appeler à des changements susceptibles d'améliorer la santé des gens et celle de la planète.

5

Le combat s'organise

Les combustibles fossiles ont fabriqué le monde moderne. L'histoire contemporaine a été écrite par le charbon, le pétrole et l'extractivisme. Même dans les pays faiblement industrialisés, la qualité de l'air et les conditions climatiques sont affectées par l'économie industrielle mondiale. Nos téléphones, nos voitures et autres biens de consommation sont tous issus de cette économie fondée sur l'exploitation des combustibles fossiles.

Tout au long de la période inaugurée par la révolution industrielle, des gens se sont battus pour un partage plus équitable des profits. Si quelques victoires ont été remportées, qui ont amélioré le sort des pauvres et des classes ouvrières, le principe même de l'extractivisme n'a pratiquement jamais été remis en cause. La question ne s'est posée qu'à partir des années 1980, quand l'inquiétude relative à notre dépendance aux énergies fossiles a grandi.

La société s'est alors scindée en deux : il y avait d'un côté ceux qui entendaient les avertissements et étaient préoccupés par le changement climatique ; de l'autre, ceux qui s'en moquaient, qui criaient plus fort que les premiers ou manipulaient les données pour dissimuler la vérité. Tout cela est arrivé au pire moment de l'histoire.

L'ÉMERGENCE D'UN MOUVEMENT

C'est dans ce contexte de division radicale qu'est né le mouvement "environnementaliste", qui, à travers un vaste réseau d'organisations, s'est donné pour but de protéger la planète et l'ensemble de ses ressources de la voracité des activités humaines. Les idées environnementalistes ne sont pas nouvelles, mais elles n'ont été médiatisées qu'au XXe siècle, une fois le mouvement arrivé à maturité. Cela dit, celui-ci ne s'est pas tout de suite attaqué à la vision extractiviste d'une nature prétendument inépuisable.

Au début, notamment en Amérique du Nord, l'environnementalisme ne s'intéressait pas aux conditions de travail de la classe ouvrière, et encore moins aux conditions de vie des pauvres en général. Il était une émanation du mouvement de "conservation de la nature" (conservationniste) de la fin du XIXe siècle et du début du XXe siècle, principalement composé de riches privilégiés : amateurs de pêche, de chasse, de camping et de randonnée. Ceux-là, toutefois, quoique conscients du danger que l'industrialisation représentait pour le monde sauvage, ne la remettait pas fondamentalement en question. La plupart des conservationnistes voulaient simplement continuer à pouvoir disposer de certains lieux exceptionnels.

Protéger les sites naturels menacés par l'industrie et le développement économique n'entrait pas dans leurs vues.

Pour arriver à leurs fins, ces proto-écologistes n'ont pas opté pour la bruyante protestation publique. Cela aurait paru inconvenant de la part d'une élite. Ils ont préféré discrètement persuader leurs pairs en politique de préserver les endroits qui leur étaient chers en les transformant en parcs nationaux, en parcs naturels privés ou en chasses gardées. Au détriment, souvent, des peuples indigènes qui y vivaient et perdaient leur droit d'y chasser et d'y pêcher. Cruelle ironie quand on sait qui étaient les véritables premiers environnementalistes sur ce territoire.

Bien sûr, il y avait déjà des Américains, pionniers de l'écologie, qui plaidaient pour que la protection environnementale dépasse la seule préservation de quelques paysages isolés. Certains d'entre eux avaient été influencés par les croyances orientales dans l'interconnexion du vivant, ou par la cosmologie amérindienne selon laquelle les hommes ont un lien de parenté avec tous les animaux. En 1851 – aux antipodes d'un Bacon qui voyait dans la Terre une machinerie sans mystères, exploitable à volonté –, l'écrivain et philosophe américain Henry David Thoreau écrivait dans son journal : "La terre que je foule aux pieds n'est pas une masse inerte et morte, elle est un corps, elle possède un esprit, elle est organisée [...]."

Près d'un siècle plus tard, l'écologiste américain Aldo Leopold défendrait des idées similaires. Dans son *Almanach d'un comté des sables* (1949), devenu la bible d'une seconde vague d'environnementalistes, il prône une "éthique de la terre [qui] élargit les frontières de la communauté de manière à y inclure le sol, l'eau, les plantes et les animaux

[et] fait passer l'*Homo sapiens* du rôle de conquérant de la communauté-terre à celui de membre et citoyen parmi d'autres de cette communauté".

Les écrits de Leopold ont eu une énorme influence sur la pensée écologiste, mais elles n'ont pas plus ralenti le rythme effréné de l'industrialisation que les pensées pionnières de Thoreau. Il manquait encore à toutes ces idées le soutien d'un puissant mouvement populaire. Les hommes, selon la persistante doxa, demeuraient des conquérants, et la nature leur butin.

En 1962, la parution d'un livre, *Printemps silencieux*, allait permettre au combat écologiste de franchir une nouvelle étape. La biologiste américaine Rachel Carson (1907-1964) y décrivait en détail comment l'usage intensif d'un insecticide couramment employé dans les banlieues et les campagnes américaines, le DDT, y avait décimé la faune, en particulier aviaire.

L'ouvrage a suscité la colère de l'industrie chimique, qui traitait les cultures par épandages aériens de pesticides, au mépris du danger que cela représentait pour la santé humaine et la vie animale. Si Rachel Carson braquait les projecteurs sur le DDT, elle savait pertinemment que le problème ne se réduisait pas à l'usage d'un pesticide en particulier. C'était l'idéologie même du "contrôle de la nature" qu'il fallait combattre. Ses écrits ont poussé une nouvelle génération d'environnementalistes à se considérer comme partie intégrante d'un fragile écosystème, une maille dans un réseau planétaire de vies interconnectées, que notre domination finirait par détruire.

Dès cette époque, de plus en plus de gens, en partie grâce au retentissement de *Printemps silencieux*, ont commencé à remettre en question la gestion humaine de l'environnement et la logique extractiviste qui voudrait que la nature soit exploitable à merci. Cela donnerait naissance, en Amérique du Nord, à un nouveau type d'organisations environnementales, dont les militants, contrairement à l'élite environnementaliste d'antan, n'hésiteraient pas à affronter les tribunaux et à porter leurs revendications sur la place publique.

Pulvérisation de DDT pour lutter contre les moustiques, à Dhaka, capitale du Bangladesh. Ce dangereux pesticide a été interdit aux États-Unis en 1972, dix ans après que Rachel Carson, dans son livre *Printemps silencieux*, en eut décrit les effets dévastateurs sur la faune.

L'ÂGE D'OR DU DROIT ENVIRONNEMENTAL

Le Fonds américain pour la défense de l'environnement (en anglais, EDF) est l'une de ces organisations. Créé en 1967 à l'initiative d'un groupe pugnace de scientifiques et d'avocats qui avaient entendu l'avertissement de Rachel Carson et souhaitaient passer à l'action, l'EDF a mené la bataille juridique qui devait conduire à l'interdiction du DDT aux États-Unis et signer le retour de nombreuses espèces d'oiseaux sur le territoire, dont le pygargue à tête blanche, emblème des États-Unis.

Face à l'ampleur de la crise, les décideurs politiques des deux principaux partis américains – républicains et démocrates – se sont mis d'accord pour agir, et l'interventionnisme de l'État a donné lieu à une grande vague de victoires environnementales.

La première loi fédérale américaine en faveur de l'environnement a été celle de 1948 sur la lutte contre la pollution de l'eau. Elle a été suivie, entre autres textes, par la loi sur la pureté de l'air (1963, modifiée en 1967), la loi sur les aires protégées (1964), la loi sur la qualité de l'eau (1965) et la loi sur les cours d'eau sauvages et pittoresques (1968). Ces textes de loi ont fait date, car ils établissaient le principe selon lequel le gouvernement avait le droit et le devoir de réglementer la façon dont les Américains interagissaient avec l'environnement. De telles victoires semblent impossibles aujourd'hui, tant les entreprises et plus encore les politiques s'opposent à toute forme d'interventionnisme.

Les lois environnementales promulguées jusque dans les années 1980 – vingt-trois au total pour les seules années 1970 – montrent la diversité des objectifs du mouvement écologiste. Celles qui limitaient les rejets polluants dans l'air et dans l'eau visaient essentiellement à protéger la santé humaine ; celles concernant les aires protégées et les cours d'eau visaient à préserver les sites naturels.

Puis, en 1980, le Superfund Act – une loi d'ensemble sur les interventions, l'indemnisation et les responsabilités en matière d'environnement – a obligé l'industrie, par une faible taxe, à assumer le coût du nettoyage des sites pollués susceptibles d'empoisonner le sol, l'eau, l'air et le vivant en général. Avec cette loi naissait le principe du "pollueur-payeur", au cœur de la justice climatique.

L'émulation n'a pas tardé à gagner le Canada, pays voisin, marqué lui aussi dès les années 1970 par un intense activisme environnemental. Et la Communauté européenne leur a emboîté le pas en 1972, faisant de la protection de l'environnement une priorité absolue, avant de devenir leader en la matière dans les décennies suivantes. Les années 1970 ont également été décisives en termes de droit international, notamment avec cet accord, signé en 1973 par les Nations unies, visant à interdire le commerce des espèces menacées (comme les oiseaux rares) ou leur exploitation industrielle (comme celle de la corne de rhinocéros).

Si les choses ont mis plus de temps à s'installer dans les pays en développement, de nombreuses initiatives citoyennes y ont précédé l'écriture du droit environnemental : en Afrique et en Inde, des femmes ont mené des campagnes originales contre la déforestation ; au Brésil, en Colombie et au Mexique, de nombreux citoyens se sont opposés à l'implantation de centrales nucléaires ou de barrages hydroélectriques, entre autres projets industriels. Une dizaine d'années plus tard, les lois ont suivi.

Deux principes ont présidé à cet âge d'or du droit environnemental : premièrement, interdire ou limiter fortement l'usage des matières polluantes et les activités analogues ; deuxièmement, si possible, imposer aux pollueurs le coût du nettoyage de leurs méfaits. Comme l'opinion publique était largement favorable à ces idées, le mouvement environnementaliste a triomphé, mais le succès a aussi contribué à le transformer.

Pour beaucoup d'écologistes, le militantisme a changé à partir du moment où les lois leur ont permis de poursuivre les pollueurs en justice. L'heure n'était plus à l'organisation de manifestations et de colloques contestataires. Et les écologistes – que certains, hier encore, assimilaient dédaigneusement au mouvement hippie – se sont mués en une petite armée d'avocats et de lobbyistes qui passaient leur temps à rencontrer des politiciens, à voler d'un sommet onusien à un autre et à conclure des accords avec des sociétés industrielles. Ils étaient également nombreux à pouvoir se targuer d'appartenir au sérail et d'être en mesure, par là même, de rencontrer et d'influencer les leaders politiques et les chefs d'entreprise.

Dans les années 1980, cette culture de la connivence a eu cependant pour effet de transformer le mouvement. Certains groupes, dont le Fonds américain pour la défense de l'environnement (EDF), ont changé de posture face aux entreprises. Selon eux, le "nouvel environnementalisme" ne devait pas être un outil de destruction d'activités industrielles. Il devait au contraire former des partenariats avec les pollueurs, les pousser à changer volontairement leurs pratiques en les convainquant de l'intérêt financier qu'il y avait à devenir plus respectueux de l'environnement : l'économie verte, n'était-ce pas aussi l'occasion de développer de nouveaux produits ?

Cette approche faisait écho à l'idéologie très libérale du gouvernement américain sous Ronald Reagan (président des

États-Unis de 1981 à 1989), selon laquelle les solutions privées conduites par les forces du marché et motivées par le profit valent mieux que des règles imposées par l'État.

Et c'est ainsi que le courant environnementaliste dominant s'est mué en une sorte de grand lobby écologique (Big Green), qui, loin des idéaux des militants des années 1960 et 1970, a cru opportun de se fixer de nouvelles règles :

– Cessons de réclamer l'interdiction des produits toxiques et des activités nuisibles à l'environnement.

– Ne nous mettons plus à dos les grands chefs d'entreprise, ni les politiques qui ont leur appui.

– Menons des batailles raisonnables. Essayons d'obtenir des pollueurs qu'ils accompagnent leurs dégradations de bonnes actions, voire qu'ils réduisent la portée de leurs nuisances. Ce sera gagnant-gagnant.

Pour autant, tous les écologistes ne sont pas devenus des soldats du libéralisme. De petits groupes à taille humaine et quelques grandes organisations ont continué à lutter contre les ennemis de l'environnement, à organiser des manifestations et à intenter des procès – sans oublier d'inciter les consommateurs à boycotter les produits fabriqués par des entreprises polluantes.

Heureusement, à cette époque, l'écologie touchait déjà davantage de monde que par le passé. Le 22 avril 1970, le sénateur du Wisconsin Gaylord Nelson n'a pas eu de mal à encourager les étudiants américains à organiser dans leur université une grande "journée pour l'environnement" : le jour de la Terre était né. Vingt ans plus tard, il serait régulièrement célébré dans de nombreux pays du monde. De plus en plus d'écoliers ont grandi en travaillant chaque année sur des projets en lien avec cette célébration : ici, une journée de sensibilisation à la propreté dans les parcs ; là, un cours ou un exposé sur les zones humides. Les termes d'"environnement" et d'"écologie" se sont invités dans toujours plus de conversations, de salles de classe et d'articles de presse. Chaque semaine ou presque voyait surgir de nouvelles mobilisations en faveur des baleines, des pandas, de la forêt tropicale ou de la vie sauvage en général.

Ainsi, lorsque les expressions "réchauffement planétaire" et "changement climatique" se sont imposées à la fin des années 1980, beaucoup de gens avaient déjà été sensibilisés à la cause environnementale. Mais ils n'avaient pas encore conscience de l'ampleur ni de l'imminence de la crise climatique, face à laquelle les solutions pro-business des écologistes se révéleront très insuffisantes.

Quelques jeunes écologistes du XXIe siècle

Les ouvrages d'Aldo Leopold et de Rachel Carson ont été une source d'inspiration pour les écologistes. Comme eux, certains des jeunes militants actuels ont écrit des livres, mais ils disposent désormais d'autres outils pour diffuser leurs messages et faire des émules : les manifestations, les associations, les médias sociaux et l'Internet.

À l'âge de 17 ans, Jackson Hinkle – un Californien de San Clemente, une ville située entre Los Angeles et San Diego – a décidé d'agir contre la pollution des plastiques. Surfeur, il avait eu l'occasion d'en observer les dégâts dans l'océan. En voulant se documenter sur l'eau et sur la façon dont les sociétés humaines la géraient, il a découvert que les entreprises qui vendent de l'eau en bouteilles n'hésitent pas à assécher des sources d'eau locales partout à travers le monde. Il a aussi appris que certaines bouteilles en plastique peuvent constituer un risque pour la santé et un problème majeur de gestion des déchets.

Entre autres initiatives, Hinkle a organisé une manifestation dans son comté pour s'opposer à l'exploitation de l'oléoduc Dakota Access, qui menaçait la seule source d'eau des Sioux de la réserve indienne de Standing Rock, dans le Dakota du Nord (nous y reviendrons au prochain chapitre), et a fondé une association de lutte contre les déchets de plastique et de promotion des bouteilles d'eau réutilisables en acier inoxydable.

Celeste Tinajero, une jeune lycéenne de Reno, une ville de l'ouest du Nevada, située non loin de la frontière californienne, a également rejoint une association militante. Elle a répondu favorablement à la suggestion de son frère aîné de se lier aux "écoguerriers" de son lycée. Tous deux ont ensuite remporté le premier prix d'un concours organisé par le groupe environnemental GREENevada, doté de 12 000 dollars, qu'ils ont utilisé pour rendre leur lycée plus durable sur le plan environnemental. Leur projet était de moderniser les vieilles installations sanitaires de leur établissement, voraces en eau et en serviettes en papier. L'année suivante, ils ont remporté le deuxième prix du même concours, qu'ils ont cette fois employé à la promotion, auprès des lycéens, des bouteilles d'eau réutilisables. Tinajero a ensuite travaillé pour une organisation locale à but non lucratif spécialisée dans les programmes éducatifs destinés à familiariser les jeunes avec les notions de "mode de vie durable" (c'est-à-dire respectueux de l'environnement) et de "réduction des déchets".

Delaney Anne Reynolds, une jeune écolière de Miami, en Floride, a commencé à s'intéresser à l'environnement en classe de CE2, à l'occasion de l'écriture d'un livre sur les milieux naturels. Quelques années plus tard, au collège, elle a participé à la fabrication d'un système photovoltaïque pour son établissement. Puis, au fil des années, ses excursions en famille vers l'océan ont éveillé son intérêt pour la mer.

Elle a alors commencé à mener des recherches en biologie marine, ce qui l'a poussée à s'intéresser au réchauffement climatique, à ses effets sur l'océan et, par voie de conséquence, à la question de la montée des eaux. Pour obtenir des informations et discuter de solutions possibles, elle est allée rencontrer des représentants politiques, des entreprises locales et des climatologues. À l'âge de 17 ans, elle avait déjà écrit plusieurs livres pour enfants sur l'environnement, donné une conférence TEDxYouth[1] à Miami et fondé le projet Sink or Swim ("S'en sortir") appelant à des actions éducatives et politiques pour sauver la capitale de la Floride de la submersion. "J'ai besoin de votre aide, s'est-elle exclamée à Miami, devant sa jeune assistance. J'ai besoin que vous vous

1. Les conférences TEDxYouth sont un dérivé pour la jeunesse des conférences TED ("Technology, Entertainment, Design"), nées en 1984 en Californie à l'initiative de la fondation Sapling et destinées à diffuser gratuitement des conférences sur Internet sur des sujets aussi variés que les sciences, les arts, l'innovation, les initiatives ou encore l'architecture et le design, avec un seul objectif : "Partager les idées qui le méritent." *(N.d.T.)*

impliquiez, que vous vous fassiez entendre, car le temps est venu pour notre génération de résoudre ce problème, de changer les vieilles habitudes de nos aînés en tirant un trait sur les combustibles fossiles, de mettre la politique de côté, d'inventer de nouvelles technologies. Le temps est venu pour notre génération de décider si nous voulons que notre planète s'en sorte."

Ces jeunes militants climatiques, à l'instar de beaucoup d'autres, ont utilisé tous les moyens qui étaient à leur disposition pour faire entendre leur voix, des manifestations à la participation aux concours environnementaux, en passant par l'écriture d'ouvrages et la création de sites Web. Ce qu'ils ont accompli nous montre qu'un projet scolaire ou une activité de loisir peuvent se transformer en croisades, décider d'une carrière et avoir autant d'effets que les actions militantes des premières heures de l'écologie.

LA NATURE HUMAINE N'EST PAS EN CAUSE

Pour l'année 1988, l'hebdomadaire britannique *Time* n'a pas élu de "personnalité de l'année". Le magazine, cette fois, a voulu consacrer son numéro spécial à la "planète de l'année : la Terre en danger". La couverture montrait un globe terrestre rafistolé à l'aide de bouts de ficelle, avec, en arrière-plan, la lueur rouge sang d'un coucher de soleil.

"Aucun individu, aucun événement, aucun mouvement n'a davantage mobilisé nos imaginaires ni dominé les gros titres que cette boule de pierre, de terre, d'eau et d'air qui constitue notre maison commune", s'est justifié le magazine.

Trente ans plus tard, le romancier et essayiste américain Nathaniel Rich est revenu sur ce moment historique dans un long article pour le *New York Times*. En 1988, le monde semblait avoir conscience que notre pollution était en train d'élever dangereusement la température de la planète. Et les États s'apprêtaient à signer un accord rigoureux et scientifiquement fondé, prévoyant de réduire les émissions de gaz à effet de serre et de prévenir au mieux les pires conséquences de la crise climatique. Dans les années 1980, la base scientifique du changement climatique était comprise et acceptée par le plus grand nombre.

L'année 1988 a constitué un tournant. Le 23 juin, le directeur de l'Institut Goddard pour les études spatiales de la Nasa, James Hansen, a déclaré au Congrès américain que le lien de cause à effet entre les activités humaines et l'actuel réchauffement climatique était "indubitable à 99 %". Tous les médias du monde s'en sont fait l'écho et plus personne sur la planète n'ignorait l'origine anthropique du réchauffement.

À cette époque, la polarisation politique entre les partis n'était pas aussi marquée qu'aujourd'hui, et tout laissait à penser que les responsables politiques du monde entier allaient trouver un terrain d'entente pour sauver cette "Terre en danger" mise à l'honneur par le *Time*. Il se trouve qu'entre le 27 et le 30 juin 1988 des centaines de scientifiques et de conseillers politiques se sont retrouvés à Toronto, au Canada, pour participer à une rencontre historique : la Conférence mondiale sur le changement atmosphérique, où seraient discutés les premiers objectifs mondiaux de réduction des gaz à effet de serre. Et c'est en novembre 1988 que le Giec – la principale source d'information scientifique sur la menace climatique – a vu le jour.

Lorsque je regarde les informations sur le climat diffusées par les médias en 1988, il semble clair qu'un changement majeur était à portée de main. C'est pourquoi je parle d'une année-tournant. Car aujourd'hui, ces heures fécondes se sont tragiquement éloignées. Les États-Unis ont abandonné les accords internationaux sur le climat, qu'ils avaient contribué à négocier[1], et le reste du monde s'est contenté d'un engagement qui n'était associé à aucune véritable sanction en cas de non-respect des règles établies. En conséquence, aucun pays ne s'est montré à la hauteur.

Qu'est-il arrivé au sentiment d'urgence que tant de gens avaient ressenti à la fin des années 1980 face au réchauffement climatique ? Et où est passée leur détermination à le combattre ? Dans son article fleuve de 2018, Nathaniel Rich a avancé une théorie : "Tous les faits étaient connus, rien ne nous empêchait d'avancer. Rien – sinon nous-mêmes. Les êtres humains, continuait-il, sont incapables de sacrifier leur confort présent pour prévenir les maux des générations futures."

En d'autres termes, les nantis d'aujourd'hui ne sont pas prêts à changer leur mode de vie, même si tout le monde, demain, doit en payer le prix. Selon Rich, nous sommes incompatibles avec le long terme : "Nous en évacuons l'idée de notre esprit, comme nous cracherions un poison."

La "nature humaine" serait donc la cause de l'incapacité des gouvernements à agir efficacement contre le changement climatique. Nous aurions laissé passer l'occasion idéale de le combattre au motif que les effets à craindre n'arriveraient que

1. L'élection en novembre 2020 de Joe Biden à la présidence des États-Unis semble annoncer un changement de cap. *(N.d.T.)*

plus tard et ne pesaient pas grand-chose au regard des commodités présentes. À en croire Rich, nous serions incapables, même quand notre vie est en jeu, d'affronter des problèmes complexes exigeant l'union totale de nos forces.

De mon point de vue, pourtant, la "nature humaine" n'est pas à blâmer. En 1988, tout le monde n'a pas balayé le problème de la main en disant : "Bon, eh bien, puisqu'il n'y a rien à faire..." Les dirigeants politiques des pays en développement, de même que les populations indigènes, réclamaient des mesures juridiquement contraignantes. Tout indiquait, en 1988, que la lutte contre le changement climatique allait s'intensifier et porter ses fruits. Qu'est-ce qui a mal tourné? Si la nature humaine n'est pas en cause, à qui la faute?

En réalité, il faut l'imputer à un dramatique concours de circonstances. Au moment précis où les États s'apprêtaient à limiter l'usage des combustibles fossiles, une autre révolution s'est mise en marche et a bouleversé le fonctionnement des économies et des sociétés. Elle est née de principes idéologiques (rencontrés au chapitre 3), ceux-là mêmes qui ont contribué à empêcher La Nouvelle-Orléans de se préparer correctement au passage d'un ouragan. En règle générale, les États et les sociétés qui les valident sont hostiles aux réglementations qui limitent ou contrôlent la liberté des entreprises. Pour eux, le "libre marché" – c'est-à-dire l'achat et la vente de biens et de services sans contrôle ni contrainte – est la solution à la plupart des problèmes. Nous aurions donc tout intérêt, en poussant leur raisonnement, à adopter la restauration rapide, la mode éphémère, l'électronique jetable, et à privilégier l'automobile aux transports en commun et au vélo. Car, aussi consumériste et polluant soit-il, ce mode de vie est source de profits, par conséquent de croissance économique.

Toutes les grandes économies de la planète ont fini par céder aux sirènes du libéralisme. Elles ont fait fi de l'avertissement des climatologues qui liaient l'absence de réglementation au réchauffement de la planète, sont devenues hostiles au concept d'interventionnisme pour le bien commun, et se sont définitivement révélées incompatibles avec cet impératif : vivre en gaspillant moins.

Pour relever le défi climatique et ralentir les émissions de gaz à effet de serre, les États auraient dû imposer des règles strictes aux entreprises polluantes. Ils auraient dû investir dans de vastes programmes pour nous aider à réduire nos dépenses énergétiques, à changer nos modes de vie urbains et notre façon de nous déplacer. Mais il eût fallu accepter d'attaquer frontalement la doxa économique. Au lieu de cela, un certain nombre de pays ont signé des accords commerciaux rendant illégales (au regard du droit international) des mesures climatiques de bon sens – comme favoriser l'industrie verte locale, ou refuser le passage d'un oléoduc, entre autres projets polluants – au motif qu'elles constituaient un obstacle à la bonne marche des affaires. La Terre, en somme, a été victime d'un tragique concours de circonstances. Quand James Hansen a présenté au monde les preuves irréfutables du changement climatique, les entreprises étaient déjà devenues si puissantes que les gouvernements ont refusé de faire le nécessaire pour stopper le réchauffement.

Et très vite les scientifiques et les militants se sont heurtés à un adversaire supplémentaire : le "déni du changement climatique". Désormais, malgré l'amoncellement des preuves scientifiques, certaines personnes refusent catégoriquement d'y croire.

LE POUVOIR DES SCEPTIQUES ET DES MENTEURS

Lorsque le changement climatique s'est imposé dans les médias, les groupes de réflexion industriels – en croisade contre toute forme de réglementation des marchés – ont vu dans l'actualité une menace pour leurs idées et leurs ambitions. Si le *business as usual* – fondé sur l'exploitation des combustibles fossiles – mettait réellement en péril notre civilisation, alors ladite croisade serait discréditée, tout comme les principes qui sous-tendent la logique du libre marché.

Dès lors, notre modèle économique devrait cesser de dépendre des combustibles fossiles ; les activités polluantes seraient en grande partie interdites et les infractions punies de lourdes amendes ; les États se verraient dans l'obligation de financer des programmes de transformation de l'industrie, de l'habitat et des transports ; l'argent public servirait à financer des projets d'énergie verte (parcs éoliens, trains électriques, par exemple), plutôt qu'avantager, notamment sous forme de dégrèvement fiscal, des entreprises utilisant des énergies fossiles ; les biens et les services, jadis publics, qui avaient été privatisés au nom des sacro-saints principes du libéralisme économique – à l'instar des entreprises de services publics, des chemins de fer et des imprimeries –, pourraient être renationalisés ; et, menace suprême pour une économie de marché, il faudrait remettre en question l'idée que l'absence de bornes à la consommation est à jamais salutaire et viable.

La terreur était telle parmi les libéraux que certains d'entre eux voyaient derrière le spectre du changement climatique un complot visant à "faire de l'Amérique un pays socialiste". (Nous en sommes très loin.) D'aucuns ont même affirmé que la secrète intention des "climato-alarmistes" était de livrer le pays aux Nations unies. (C'est tout aussi délirant.)

De nombreux groupes de réflexion industriels n'adhéraient pas à ces analyses, mais ils en acceptaient l'idée première : le changement climatique n'est pas réel. Ou, s'il l'est, c'est un processus naturel indépendant de l'activité humaine. Ils ont donc diffusé ce message en publiant pléthore de livres, d'articles, et de "supports pédagogiques" gratuits à destination des écoles.

Certaines de ces publications déclaraient que le changement climatique était un canular. D'autres s'évertuaient à critiquer la rigueur scientifique des climatologues : selon elles, rien ne prouvait la réalité du réchauffement climatique. Et lorsque les scientifiques, pour tenir compte de nouvelles données, modifiaient leurs projections, les sceptiques y voyaient un signe d'approximation et de non-fiabilité des calculs. Certains profitaient même des épisodes violents de tempête de neige pour déclarer : "Vous voyez, le réchauffement climatique est une fumisterie." Ils ignoraient qu'une des conséquences du réchauffement climatique est justement d'augmenter la probabilité de tels événements.

Vous trouverez aussi quelques climatosceptiques parmi les scientifiques, mais ils sont très minoritaires. En 2019, plus de 97 % des climatologues du monde entier convenaient de la réalité du changement climatique, de son origine anthropique et de notre responsabilité dans son accélération.

Quant aux publications pro-business qui traitaient avec sérieux de la question climatique, elles suggéraient d'y répondre en douceur et par une démarche collaborative. Peut-être avez-vous déjà vu passer dans votre collège ou votre lycée des articles ou des films – conçus à votre attention – vantant le mérite d'une science qui s'attaquerait aux problèmes environnementaux de concert avec l'industrie. Ce serait formidable si cela se pouvait. Malheureusement, ce genre d'alliance ne peut donner lieu qu'à des évolutions superficielles.

On parle parfois de "*greenwashing*" (ou éco-blanchiment) pour désigner ces pseudo-solutions. Prenons le cas d'une compagnie d'électricité : elle aura beau dépenser 7 millions de dollars dans la publication et la diffusion de brochures destinées à expliquer aux gens comment économiser leur énergie, elle n'en continuera pas moins, via ses centrales thermiques, à produire 95 % de son énergie en brûlant des combustibles fossiles. Certes, les conseils qu'elle prodigue ne sont pas inutiles, mais ils sont insuffisants face à l'ampleur du problème.

De la même façon, l'écologie enseignée aux enfants n'insiste pas sur la responsabilité de l'industrie et du libéralisme économique, mais sur l'importance des actions individuelles, comme le recyclage des déchets, ou l'usage du vélo en lieu et place de la voiture. Ces actions sont importantes, et nous devons tous agir dans la mesure de nos moyens, mais si elles ne s'accompagnent pas de transformations plus radicales, elles ne dévieront pas la route du paquebot industriel et n'auront donc aucun effet significatif sur le climat. C'est pourquoi il est toujours bon de vérifier vos sources d'information. Sont-elles crédibles ? Ont-elles bonne réputation ? Et, surtout, ont-elles quelque chose à gagner à véhiculer telle ou telle idée ?

QUI SAVAIT, ET DEPUIS QUAND ?

Peu importent leurs déclarations publiques et leurs manœuvres de propagande, les patrons des compagnies énergétiques et les scientifiques qui travaillaient pour eux n'ignorent pas le lien indiscutable de cause à effet entre l'exploitation des combustibles fossiles, les émissions de gaz à effet de serre et le changement climatique. Nous avons même la preuve qu'ils le

Exemple classique d'éco-blanchiment : en 1990, à Los Angeles, une compagnie d'énergie a fait peindre le réservoir de pétrole d'une de ses centrales thermiques en l'honneur du vingtième anniversaire du jour de la Terre.

dissimulaient depuis longtemps et pratiquaient la désinformation. En 2015, le journal en ligne américain *Inside Climate News*, consacré à la cause environnementale et plusieurs fois primé pour son travail d'investigation (prix Pulitzer 2013, notamment), a révélé ce que savait l'industrie énergétique, et depuis quand elle le savait.

L'équipe de journalistes de la revue a montré en particulier que la compagnie américaine Exxon – la plus grande compagnie pétrolière et gazière du monde depuis sa fusion avec Mobil en 1999 – en était consciente depuis plusieurs décennies. En 1977, un scientifique d'Exxon avait alerté les dirigeants de la société : “Il y a un consensus scientifique selon lequel l'effet de serre est essentiellement dû aux émanations de dioxyde de carbone liées aux activités humaines." En d'autres termes, ce que produisait Exxon était en train de réchauffer la planète.

Un an plus tard, le même expert a rédigé un rapport plus détaillé à l'intention des scientifiques et des dirigeants de la société, lequel concluait : "L'homme dispose d'une échéance de cinq à dix ans avant que la nécessité de modifier ses stratégies énergétiques n'atteigne un point critique."

Au début, la supermajor n'a pas nié le changement climatique. Elle a même lancé un important programme de recherche pour mieux le comprendre. Les scientifiques qu'elle employait ont scrupuleusement étudié l'effet des émissions de dioxyde de carbone sur l'atmosphère et sur la planète. Ils ont en outre contribué au développement de nouveaux logiciels pour modéliser le changement climatique. La société a même équipé l'un de ses pétroliers en matériel scientifique pour vérifier si le réchauffement des océans était dû à l'augmentation des gaz à effet de serre, et certaines des recherches qu'elle a menées ou financées ont paru dans des revues scientifiques au début des années 1980.

Mais, tout à coup, Exxon a changé son fusil d'épaule. Deux raisons permettent de l'expliquer. Premièrement, les prix du pétrole ont chuté au milieu des années 1980, et, comme cela portait atteinte à ses bénéfices, la compagnie a licencié de nombreux employés, dont un certain nombre de chercheurs en climatologie. Deuxièmement, c'est en 1988, souvenez-vous, que le scientifique de la Nasa James Hansen a été auditionné par le Congrès américain et l'a mis en garde contre les combustibles fossiles. Le sénateur Tim Wirth du Colorado a alors eu cette phrase : "Le Congrès doit commencer à réfléchir à la manière de ralentir ou d'arrêter le réchauffement climatique." Les industriels de l'énergie s'en sont évidemment alarmés :

cela semblait dire que le gouvernement pourrait intervenir et promulguer des lois susceptibles d'affecter leurs revenus au-delà de ce qu'ils étaient prêts, par eux-mêmes, à accepter.

C'est à ce moment-là qu'Exxon, à l'instar des autres grands groupes énergétiques, a commencé à prétendre que la science du changement climatique était incertaine. À les écouter, il eût été stupide de prendre des mesures drastiques sans "données complémentaires". En 1997, le directeur général de la société a déclaré : "Nous devons mieux comprendre le problème, et, fort heureusement, nous en avons le temps. Que les politiques soient adoptées maintenant ou dans vingt ans ne devrait pas affecter significativement les températures que nous aurons au milieu du siècle prochain."

Mais les compagnies d'énergie savaient que ce n'était pas vrai. En 1995, une équipe de scientifiques de la société américaine Mobil avait écrit un rapport, communiqué aux autres groupes du secteur, dans lequel on pouvait lire : "La base scientifique de l'effet de serre et les conséquences potentielles sur le climat des émissions anthropiques de gaz à effet de serre (comme le CO_2) sont bien établies et incontestables."

Cela n'a pas empêché les compagnies énergétiques de multiplier les efforts pour mettre en doute la crise climatique, voire en nier ouvertement l'existence. Leur objectif était d'empêcher les gouvernements non seulement de fixer des limites plus contraignantes aux émissions de gaz à effet de serre, mais aussi d'établir de nouvelles règles pour l'extraction future du pétrole, du gaz naturel et du charbon. Et parallèlement, elles s'efforçaient de donner à leur image une patine écolo-compatible.

De 1989 à 2019, les cinq plus grandes compagnies pétrolières du monde ont dépensé 3,6 milliards de dollars en publicités, uniquement pour montrer leurs efforts en matière d'environnement. Dans l'une d'elles, Exxon se vantait, par exemple, d'acheter de l'énergie solaire et éolienne au Texas. Ce qu'elle ne disait pas, c'est qu'elle utilisait cette énergie pour forer et extraire davantage de pétrole. En dépit des efforts fournis pour paraître plus respectueuses de l'environnement, les compagnies pétrolières continuaient à faire passer leurs profits avant l'humanité et avant la planète.

Peut-on contraindre la puissante industrie des énergies fossiles ? Pour répondre à cette question, tournons-nous vers l'histoire récente de la non moins puissante industrie du tabac. Dans les années 1990, les preuves scientifiques de la dangerosité du tabac pour la santé étaient devenues incontestables. Comme l'industrie énergétique, les fabricants de cigarettes étaient au courant des maladies dont ils étaient la cause – le cancer des poumons, notamment. Ils savaient, mais ils le cachaient, car ils ne voulaient pas perdre les profits qu'ils en tiraient.

Le Congrès américain a donc mené l'enquête et a fini, à partir de 2009, par durcir la réglementation relative à l'industrie du tabac. Les fabricants de cigarettes ont été poursuivis en justice et placés dans l'obligation de verser d'énormes indemnités aux victimes du tabac qui s'étaient retournées contre eux.

Ce qui est arrivé à Big Tobacco va-t-il aussi arriver à Big Oil ? Après la découverte, par des journalistes, de documents prouvant que l'industrie pétrogazière avait détruit des pièces à conviction sur ce qu'elle savait de la crise climatique, le Congrès a ouvert une enquête en octobre 2019 et une commission s'est vue chargée d'analyser les efforts déployés par cette industrie pour cacher la vérité sur le changement climatique. L'un des

Ces jeunes militants de la campagne "ExxonKnew" – ici, dans les rues de Washington en 2015 – "savaient" eux aussi… qu'Exxon avait dissimulé la vérité sur le lien entre la combustion des énergies fossiles et le changement climatique.

membres de la commission, la représentante démocrate Alexandria Ocasio-Cortez, a auditionné un climatologue qui avait travaillé avec Exxon dans les années 1980. Elle l'a interrogé sur une note de service de la compagnie, écrite en 1982, qui prévoyait (à raison) une hausse des températures mondiales de 1 °C d'ici 2019 : "Nous étions d'excellents scientifiques", a-t-il reconnu. Pour eux, il ne faisait aucun doute que cette prédiction se réaliserait.

L'enquête du Congrès est toujours en cours, mais une chose est sûre : Exxon savait. Et ce n'était pas la seule compagnie dans ce cas. En 2020, le dirigeant de Shell, une autre multinationale de l'énergie, basée aux Pays-Bas, a déclaré à un journaliste : "Oui, nous savions. Tout le monde savait. Mais, d'une certaine manière, nous avons tous choisi de l'ignorer."

La campagne #ExxonKnew ("Exxon savait"), amorcée en 2015 par les activistes du climat, a été rapidement relayée par les investigations lancées la même année et l'année suivante par les autorités judiciaires d'un certain nombre d'États américains. En 2018, l'État de New York a fini par attaquer la compagnie en justice, au motif qu'elle avait trompé ses investisseurs en leur donnant de fausses informations sur les coûts et sur les risques du changement climatique. Exxon a gagné ce procès fin 2019, mais la guerre juridique contre l'industrie énergétique ne faisait que commencer.

Aujourd'hui, Exxon (États-Unis), BP (Grande-Bretagne), Chevron (États-Unis) et d'autres compagnies anglo-saxonnes d'énergie font l'objet de dizaines de procédures judiciaires, dans certains cas pour avoir trompé la population, dans d'autres pour avoir été en partie la cause des pertes subies par les villes et les États directement touchés par le dérèglement climatique. D'autres plaintes encore réclament le paiement d'une partie des coûts d'adaptation à la crise, comme la construction de digues dans les zones côtières.

Et les gens se mobilisent ailleurs dans le monde. Aux Pays-Bas, par exemple, 17 000 citoyens ont apporté leur soutien au procès intenté à Shell en 2019 par plusieurs organisations non gouvernementales.

Le combat juridique pour déterminer le mal qu'ont fait les entreprises énergétiques en dissimulant ce qu'elles savaient et fixer le montant des pénalités dont elles devront s'acquitter prendra vraisemblablement des années.

Des activistes contre Big Oil

Alors que les procès contre les grandes entreprises énergétiques avancent lentement dans les tribunaux, les protestataires n'attendent pas et organisent des opérations coup de poing pour attirer l'attention du public sur le rôle des supermajors dans la crise climatique.

En septembre 2019, des militants de Greenpeace se sont suspendus en rappel au pont Fred Hartman qui traverse le canal de Houston, au Texas. Ils y ont déployé de longues banderoles rouges, orange et jaunes symbolisant, selon les mots de l'organisation, "le coucher du soleil sur l'ère du pétrole".

Le canal de Houston est un axe majeur pour le transit de l'énergie : environ 12 % du pétrole raffiné aux États-Unis passe par là. Le blocage des activistes a partiellement interrompu le trafic maritime pendant dix-huit heures, et l'opération s'est accompagnée d'une déclaration publique.

Malheureusement, le Texas avait adopté une loi qui rendait illégales les manifestations à proximité des pipelines ou de tout autre lieu stratégique pour l'industrie pétrogazière, si bien qu'une douzaine de militants ont été arrêtés. D'autres États américains ont adopté des lois similaires pour museler les protestataires, quand bien même les législateurs certifient qu'elles n'ont pour but que d'assurer la sécurité de ces derniers en les éloignant de zones potentiellement dangereuses, notamment en cas de fuite de carburant. Pour les militants, au contraire, ces lois montrent que les intérêts commerciaux ont plus de poids auprès de certains gouvernements que les droits individuels et la santé de la planète.

Mais la jeunesse n'est pas facile à démonter. Lors d'un match de football opposant les équipes des universités américaines Yale et Harvard, des centaines d'étudiants et d'anciens étudiants ont quitté ostensiblement les tribunes pour protester contre les investissements que ces deux prestigieuses universités avaient effectués dans des compagnies d'énergie. Ils se sont précipités sur le terrain et ont retardé le match d'une heure en scandant : *"Hey hey! Ho ho! Fossil fuels have got to go!"* ("Ohé ! Ohé ! L'énergie fossile doit cesser !")

Quelques mois plus tard, des étudiants de la faculté de droit de Harvard ont manifesté lors d'un événement organisé par un cabinet d'avocats représentant ExxonMobil. Après avoir déployé une banderole sur laquelle on pouvait lire "#DropExxon" ("Lâchez Exxon"), ils ont appelé les jeunes avocats du cabinet à suivre leur exemple et à refuser de travailler pour une société qui acceptait l'argent des pollueurs. Comme beaucoup d'autres militants qui souhaitent augmenter leurs chances d'être entendus, ils ont retransmis leur opération en direct sur Internet.

Au tout début de l'année 2020, en Écosse, l'organisation Extinction Rebellion (lancée en octobre 2018 au Royaume-Uni, elle se présente comme un "mouvement mondial de désobéissance civile en lutte contre l'effondrement écologique et le réchauffement climatique") a mené une série d'"actions ciblant l'industrie des combustibles fossiles pour son rôle dans la crise climatique". À Aberdeen, par exemple, ville portuaire du nord-est de l'Écosse, un groupe de militants, composé de nombreux jeunes, a bloqué "pacifiquement" (aux dires de la police) l'entrée du siège de Shell. Plus au sud, à Dundee, autre ville portuaire, des activistes sont montés à bord d'une plateforme de forage pétrolier amarrée dans le port pour bloquer son remorquage en mer et son utilisation par la même compagnie. Cette fois, sept militants ont dû comparaître devant le tribunal pour répondre de leurs actes.

Bien que les activistes d'Extinction Rebellion n'aient pas empêché le remorquage de la plateforme, ils ont pu dire publiquement, par médias interposés, pourquoi ils estimaient qu'il était important de mettre un terme au forage pétrolier autour de l'Écosse.

Si les grandes manifestations ou les tours de force un peu spectaculaires attirent bel et bien l'attention, il existe d'autres moyens de communiquer un message. La plupart des jeunes activistes agissent différemment, mais avec une égale détermination : certains écrivent aux législateurs en place ou aux personnalités politiques engagées dans la course aux investitures ; d'autres participent à des grèves scolaires ; d'autres encore se documentent sur le climat et partagent leurs connaissances avec leur entourage et leur famille. Autant d'actions qui aiguisent la sensibilité générale au changement climatique et incitent les gens à agir. En 2019, une étude a montré que ce sont les propres enfants des climatosceptiques qui ont le plus de chance de les faire changer d'opinion. L'activisme n'a pas besoin d'être spectaculaire pour avoir du sens.

UN NOUVEL ÉLAN

Songez seulement à ce qui aurait pu se passer à partir de 1988 – année charnière de la confirmation devant le Congrès américain de l'origine anthropique du changement climatique – si tous les pays de la planète s'étaient réunis et avaient pris des mesures concrètes pour réduire les émissions de gaz à effet de serre : la crise climatique serait moins grave, et nous serions beaucoup plus avancés dans la prévention des catastrophes.

Imaginez maintenant que ces mesures aient été prises encore plus tôt, en 1977, lorsque le scientifique d'Exxon avait alerté pour la première fois ses patrons sur le problème du lien entre les gaz à effet de serre et les combustibles fossiles.

La puissante influence des idées néolibérales (c'est-à-dire pro-business et anti-interventionnistes) nous a fait perdre un temps précieux. Si nous avions pu consacrer toutes ces années à réduire nos émissions, nous n'aurions pas, comme aujourd'hui, à redouter les pires effets du changement climatique.

Malheureusement, il est impossible de revenir en arrière. C'est la mauvaise nouvelle – et vous avez le droit de la prendre avec colère.

La bonne nouvelle, c'est que nous pouvons encore amplement agir pour lutter contre le changement climatique.

En 1988, le problème ne venait pas de la "nature humaine", cette chose prétendument immuable. Il venait, nous l'avons vu, des entreprises et des politiques gouvernementales qui privilégiaient les marchés et les profits au détriment des populations humaines et de la planète. Et cette logique-là, *nous pouvons* la remettre en cause, la contester et l'inverser.

Les jeunes se fédèrent et se mobilisent de plus en plus, aux États-Unis comme ailleurs. Ils ne se contentent plus de dire “non” aux pollueurs et aux politiques qui nous gouvernent. Ils refusent l’éco-blanchiment, la propagande des industriels ou le déni climatosceptique. Désormais, ils élaborent des plans et se battent pour leur avenir. Tandis que les militants d’avant s’intéressaient exclusivement aux symptômes de la crise climatique et environnementale, la génération actuelle s’attaque à la “maladie” elle-même : le système économique et social, qui place les profits avant nos vies et avant notre avenir climatique.

Les grèves de l’école et les autres mouvements de la jeunesse montrent que beaucoup de jeunes ont envie de voir la société changer en profondeur. Ils veulent une autre politique et une autre économie, portées par de nouvelles valeurs – en particulier de justice – et respectueuses du budget carbone. “Mais cela n’est pas suffisant, prévient Greta Thunberg. Nous avons besoin d’une toute nouvelle manière de penser [...]. Nous devons cesser d’être en compétition les uns avec les autres. Nous devons nous mettre à coopérer et à partager équitablement les ressources encore disponibles de cette planète.”

Si la situation, aujourd’hui, est tellement différente de celle de 1988, ce n’est pas seulement parce que la crise climatique s’est aggravée en plus de trente ans. C’est aussi parce que votre génération s’est acharnée à exiger le changement. Le mouvement des jeunes pour le climat et les mouvements de la jeunesse contre les violences et les discriminations raciales et sexuelles sont autant de forces puissantes qui nous promettent un meilleur avenir.

6

En protégeant leur territoire, ils protègent la planète

En décembre 2012, j'ai assisté à la conférence donnée à San Francisco par Brad Werner, un jeune géophysicien américain dont le sérieux contrastait étrangement avec la couleur de ses cheveux rose bonbon. Vingt-quatre mille scientifiques s'étaient donné rendez-vous pour assister à un vaste cycle de conférences, mais celle de ce chercheur de l'université de Californie à San Diego avait attiré du monde : il devait nous parler du destin de notre planète.

Debout sur le devant de la scène, Werner nous a initiés au modèle informatique qu'il utilisait pour prévoir l'avenir. Nous n'entrerons pas ici dans les détails de son exposé : son sujet d'étude – la théorie des systèmes complexes – laisse généralement perplexes tous ceux qui en entendent parler pour la première fois. (Sachez seulement que cette théorie repose sur l'étude de systèmes rendus complexes par le grand nombre d'éléments qui les composent et y interagissent. L'état de l'atmosphère en est un, car il dépend de différents facteurs aux actions intriquées : la température, les courants atmosphériques, les courants océaniques, la géographie, etc.)

Mais le fond du problème mis en lumière par le chercheur n'était pas difficile à comprendre : l'économie mondiale, en reposant sur l'exploitation des énergies fossiles, l'économie de marché et le consumérisme, a si facilement contribué à épuiser les ressources terrestres que l'équilibre entre, d'un côté, les ressources et les écosystèmes, et, de l'autre, la consommation humaine est en train de devenir instable.

Par chance, l'un des facteurs du modèle exposé était encore porteur d'espoir. Werner l'appelait "la résistance" : il s'agit de toutes les actions individuelles ou de groupe qui sortent du chemin balisé par la culture économique dominante. On y trouve les manifestations pro-environnementales, les blocages de sites et les soulèvements de masses (notamment indigènes et ouvriers). Le meilleur moyen de ralentir une machine économique qui échappe à tout contrôle est de lui opposer une résistance. Cela créerait un peu de "frottements", disait Werner – des grains de sable dans les rouages de la machine.

Notre conférencier nous a d'ailleurs rappelé que, par le passé, les mouvements sociaux avaient déjà influencé la culture dominante : pour n'en citer que deux, le mouvement abolitionniste avait mis fin à l'esclavage, et le mouvement des droits civiques avait permis aux Afro-Américains d'accéder à l'égalité devant la loi. En prouvant aux dirigeants qu'une grande partie de la population était favorable au changement et même l'exigeait, ces mouvements avaient conduit à l'adoption de nouvelles lois qui avaient permis le changement. Et Werner d'insister : "Si nous songeons à l'avenir de la Terre, et à l'avenir de notre insertion dans notre environnement, il nous faut inclure la résistance dans les composantes de cette dynamique."

En d'autres termes : désormais, seuls les mouvements sociaux peuvent inverser le cours du changement climatique.

On observe d'ailleurs qu'ils prennent de plus en plus d'ampleur à mesure que la crise s'accélère. Et la jeunesse ne se contente plus de s'y associer. Souvent, maintenant, elle montre la voie.

Récemment, plusieurs actes de résistance au changement climatique et à l'injustice ont impliqué des jeunes qui voulaient protéger leur territoire – et contribuer par là à sauver la planète. Autant de grains de sable dans les rouages du système, autant de défis lancés aux idées économiques et à l'industrie des énergies fossiles, qui ont tant contribué à nous plonger dans cette crise. Ces jeunes militants se sont levés, ont pris la parole et éprouvé le pouvoir de la résistance. Ils ont tracé quelques-unes des voies susceptibles de nous garantir un meilleur avenir climatique. J'aimerais vous les présenter.

LA NATION HEILTSUK : LE DROIT DE DIRE "NON"

Bella Bella est une petite ville de Colombie-Britannique, perdue sur une île de la côte ouest du Canada, au cœur d'un paysage majestueux de fjords profonds et de luxuriantes forêts de conifères s'étendant jusqu'à la mer. En 2012, par une journée bruineuse d'avril, un tiers de ses 1 905 habitants sont descendus dans la rue pour manifester. Ce jour-là, trois membres d'une commission d'évaluation, tout juste arrivés de Vancouver, étaient venus entendre l'avis de la population locale sur l'implantation très controversée de l'oléoduc Northern Gateway par la société pétrolière Enbridge.

Sur le papier, l'oléoduc était censé traverser l'ouest du Canada sur une distance de 1176 kilomètres, d'Edmonton, dans la province voisine de l'Alberta, riche en sables bitumineux, jusqu'à la côte pacifique de la Colombie-Britannique. Là, le pétrole devait être recueilli puis chargé dans des supertankers, avant d'être expédié dans le monde entier. La capacité du Northern Gateway était de 525000 barils de pétrole par jour.

La commission avait été missionnée par le gouvernement canadien pour statuer sur la faisabilité du projet et sur sa mise en œuvre. Durant des mois, elle avait tenu ce type d'auditions tout au long du tracé prévu pour le transport du combustible. Cette visite mettait un point final à son périple.

Bella Bella est située à 200 kilomètres au sud du point de rencontre entre l'oléoduc et la mer, mais elle était baignée par les eaux agitées du Pacifique, que les supertankers allaient devoir gagner, dans des courants changeants, à travers un dédale d'îles et de récifs. Or ces pétroliers étaient énormes. Ils pouvaient transporter beaucoup plus de pétrole brut que l'*Exxon Valdez*, ce pétrolier de triste mémoire, échoué en 1989 sur les côtes de l'Alaska et à l'origine d'une marée noire d'une durée et d'une ampleur considérables.

Les habitants de Bella Bella, conscients du risque que représentait la proximité de ces monstres des mers, souhaitaient partager leurs inquiétudes avec les membres de la commission.

Peuplée à 90 % d'Indiens Heiltsuks, qui font partie des Premières Nations, la ville avait envoyé une délégation de chefs au-devant des membres de la commission. Revêtus de leurs costumes de cérémonie – robes et coiffes brodées, chapeaux en écorce de cèdre tressée –, ils étaient allés les accueillir sur le tarmac de l'aéroport, où, accompagnés de divers chanteurs et percussionnistes, ils avaient exécuté une danse traditionnelle. Derrière les clôtures grillagées de l'aéroport, une foule de manifestants brandissaient des pagaies, ainsi que des pancartes affichant des slogans hostiles au projet.

Derrière les chefs se tenait Jess Housty, une jeune femme de 25 ans qui avait beaucoup œuvré auprès de la population de la ville pour que cette rencontre ait lieu. Selon elle, la scène

Bella Bella, cette petite ville isolée au milieu des fjords majestueux de la côte ouest du Canada, vit des eaux qui l'entourent. Lorsque celles-ci ont été menacées par un projet d'oléoduc, ses habitants se sont battus pour elles.

de l'aéroport était le fruit d'un "énorme travail d'organisation de la part de la collectivité". Mais c'étaient surtout les jeunes, dont l'école était devenue le quartier général, qui avaient pris les choses en main. Ils avaient mené d'importantes recherches sur les fuites accidentelles de pétrole impliquant des oléoducs et des pétroliers, fabriqué des pancartes pour accueillir la commission, et écrit des rédactions décrivant une marée noire dans leurs eaux et ses conséquences sur l'écosystème et

Les peuples indigènes ont joué un rôle majeur dans la lutte contre l'implantation de l'oléoduc canadien Northern Gateway, comme lors de cette manifestation de 2012 à Victoria, en Colombie-Britannique.

sur leur propre existence. La culture ancestrale des Heiltsuks et leur mode de vie moderne sont tous deux liés à l'écosystème, et en particulier aux harengs et aux saumons rouges qui en garantissent l'équilibre. Les enseignants ont été frappés par l'intérêt que le projet suscitait chez les jeunes : jamais un sujet ne les avait à ce point mobilisés.

En évoquant cet épisode de l'histoire de sa nation, Jess Housty a eu ces mots : "Au nom de la communauté, nous étions prêts à nous lever, avec dignité et probité, pour défendre les terres et les eaux qui ont nourri nos ancêtres, qui nous nourrissent aujourd'hui et qui, croyons-nous, doivent pouvoir nourrir les générations futures."

Cette forte implication de la communauté rendrait la suite des événements d'autant plus cruelle. En effet, la commission d'évaluation a non seulement refusé l'invitation au banquet prévu pour le soir, mais également annulé l'audience pour laquelle la communauté s'était préparée depuis des mois.

En quel honneur ? Selon nos trois évaluateurs, ce qu'ils avaient vu sur la route qui les avait conduits de l'aéroport à la ville ne les avait pas rassurés : le long du parcours, des centaines d'habitants, dont des enfants, avaient brandi des pancartes sur lesquelles était écrit "LE PÉTROLE, C'EST LA MORT", "NOUS AVONS LE DROIT DE DIRE NON", "GARDEZ NOTRE OCÉAN BLEU", "LE PÉTROLE NE SE BOIT PAS"… Et l'un des manifestants, estimant que les membres de la commission ne montraient pas beaucoup d'intérêt pour leur protestation, a tapé sur leur fourgonnette pour attirer leur attention. Les trois passagers ont-ils pris le bruit du choc pour un coup de feu, comme certains l'affirmeraient plus tard ? Les policiers présents sur place ont pourtant rapporté que la manifestation s'était déroulée sans violence. La sécurité des visiteurs n'avait été aucunement menacée.

De nombreux manifestants se sont dits choqués par la façon dont leur message avait été interprété. Les membres de la commission semblaient n'avoir vu qu'une foule d'"Indiens en colère", prêts à déchaîner leur haine sur la première personne en lien avec le pipeline. Mais leur manifestation était surtout porteuse d'un message d'amour : l'amour de leur territoire et de sa beauté sans pareille, ainsi que de l'ensemble des espèces vivantes qui y prospèrent.

Finalement, les auditions ont eu lieu, mais avec un jour et demi de retard, si bien que de nombreux habitants n'ont pas eu la possibilité de prendre la parole. Jess Housty, qui serait bientôt la plus jeune membre du conseil tribal heiltsuk, a dû voyager une journée entière pour pouvoir parler devant la commission, lors d'une audition de rattrapage organisée dans une autre ville de Colombie-Britannique. Elle n'a pas mâché ses mots :

> Quand mes enfants naîtront, je veux leur offrir un monde propice à l'espoir et à l'épanouissement. Un monde où les récits veulent encore dire quelque chose. Je veux qu'ils puissent devenir de véritables Heiltsuks, dans tous les sens du terme. Qu'ils puissent perpétuer nos coutumes et capter l'essence de l'identité qui fait notre force depuis des centaines de générations.
>
> Or ça ne sera possible que si nous préservons l'intégrité de notre territoire, de nos terres, de nos eaux, ainsi que les pratiques qui nous lient à notre environnement. Au nom des jeunes de ma communauté, et sauf votre respect, je ne crois pas qu'il puisse exister une quelconque compensation à la perte de notre identité et de notre droit d'être heiltsuks.

Plus d'un millier de personnes se sont exprimées lors de ces auditions en Colombie-Britannique. Seules deux d'entre elles ont soutenu le projet de l'oléoduc. Un sondage a montré que 80 % des habitants de la province étaient défavorables à l'augmentation du trafic des pétroliers le long de leurs côtes.

Dès lors, d'après vous, quel a été l'avis de la commission d'évaluation ? Eh bien, elle n'a pas trouvé mieux que de recommander au gouvernement canadien la mise en service de l'oléoduc. Pour de nombreux Canadiens, c'était la preuve que l'argent et le pouvoir avaient plus de poids, dans le processus de décision, que le souci de l'environnement ou la volonté des peuples.

Deux ans plus tard, le gouvernement a avalisé l'implantation de l'oléoduc, mais en imposant à son constructeur, la société Enbridge, un cahier des charges assorti de 209 conditions ; parmi elles, la mise en place de mesures de protection de l'habitat du caribou, et la consultation des Heiltsuks et de tous les peuples indigènes susceptibles d'être affectés par le projet.

Toutefois, le plus grand obstacle rencontré par la compagnie a été la persistance de la protestation populaire. De nombreuses tribus indigènes se sont liguées contre l'oléoduc Northern Gateway, car elles continuaient à craindre que les déversements accidentels de pétrole n'endommagent les terres, la faune, le fleuve Fraser et les eaux côtières. Il faut dire que leurs inquiétudes étaient justifiées : le Canada Energy Regulator, l'agence gouvernementale chargée de surveiller les pipelines en fonctionnement sur le territoire, a enregistré chaque année, entre 2008 et 2019, 54 à 175 incidents : fuites, déversements ou incendies d'hydrocarbures ou de gaz naturel liquéfié. Des organisations environnementales, des peuples autochtones et des groupes de citoyens ont porté leurs revendications devant les tribunaux et entamé des procédures pour stopper la construction du pipeline. Les affaires ont été jugées en Colombie-Britannique et au sein du système judiciaire fédéral canadien. En 2016, la Cour d'appel fédérale a annulé la décision du gouvernement, au motif qu'Enbridge n'avait pas suffisamment consulté les nations indigènes.

Après cette victoire, le constructeur a cessé de se battre pour le Northern Gateway, et, en 2019, il a définitivement fermé le dossier pour se concentrer sur de plus petits projets.

Chaque oléoduc représente un risque, et Enbridge en sait quelque chose : en 2010, un déversement accidentel d'un de ses pipelines a contaminé la rivière Kalamazoo, dans le Michigan, avec du pétrole lourd issu des sables bitumineux, et ce sur 64 kilomètres. Le nettoyage a pris des années et a coûté plus de 1 milliard de dollars. Enbridge a payé des indemnités à hauteur de 177 millions de dollars, amendes comprises.

Fort heureusement, pour les habitants de Bella Bella, la menace de l'oléoduc appartient au passé. Mais ils n'auraient pas remporté cette victoire s'ils n'avaient pas clamé haut et fort leur droit de dire "non".

STANDING ROCK : LES PROTECTEURS DE L'EAU

Le combat des Heiltsuks fait écho à celui des Sioux de la réserve indienne de Standing Rock, dans le nord des États-Unis, contre le projet de la société texane Energy Transfer qui a annoncé, en 2014, vouloir construire un oléoduc souterrain : le Dakota Access Pipeline (DAPL). Certes, ce projet a fini par réunir contre lui des écologistes, des vétérans de l'armée, des célébrités et des gens du monde entier, mais, en tentant désespérément de protéger ses terres et surtout l'eau de son territoire, c'est le peuple sioux qui a amorcé la lutte.

Le DAPL était censé relier les gisements pétrolifères du Dakota du Nord à un centre de stockage pétrolier de l'État de l'Illinois. Long de 1 886 kilomètres, l'oléoduc devait passer sous des centaines de lacs et de cours d'eau, parmi lesquels le fleuve Mississippi et deux de ses affluents, le Missouri et l'Illinois. D'un diamètre de 76 centimètres, la capacité du DAPL devait atteindre 570 000 barils de pétrole par jour.

Les risques auxquels les oléoducs nous exposent sont bien connus. Les fuites dues à la rouille ou à d'autres types de dommages donnent lieu à des déversements toxiques de pétrole ou de gaz naturel liquéfié dans le sol ou dans les nappes phréatiques. Une telle contamination est évidemment dangereuse pour l'homme et la nature, d'autant qu'elle est susceptible de persister plusieurs années. En outre, comme ces substances sont inflammables, des incendies peuvent survenir à l'endroit des fuites ou des défauts du matériel. L'Agence de sécurité des pipelines et des matières dangereuses (PHMSA) du département américain des transports a enregistré 12 312 incidents entre 2000 et 2019. Bilan humain : 308 morts et 1 222 blessés. Bilan financier : 9,5 milliards de dollars de dommages.

Nonobstant cette réalité, la société Energy Transfer a affirmé que le Dakota Access Pipeline serait sûr. Elle a également argué que sa construction créerait des milliers d'emplois courts et jusqu'à cinquante emplois permanents dans les États situés le long du tracé de l'oléoduc : le Dakota du Nord et du Sud, l'Iowa et l'Illinois.

Au début, le pipeline devait passer non loin de Bismarck, la capitale du Dakota du Nord, mais le corps des ingénieurs de l'armée des États-Unis s'y est opposé, craignant à juste titre que des fuites du pipeline ne contaminent l'approvisionnement en eau de la ville. Il a donc été prévu de dévier l'oléoduc au nord de la réserve sioux de Standing Rock, qui est à cheval sur la frontière qui sépare les deux Dakotas.

Plutôt que de mettre en péril une ville à population majoritairement blanche, il a été décidé que le DAPL menacerait désormais le lac Oahe, la seule source d'eau potable des Sioux de Standing Rock, ainsi que leurs sites sacrés et culturels. Là encore, ce n'était rien de moins que du racisme environnemental.

Le combat des Sioux de la réserve indienne de Standing Rock a reçu de nombreux soutiens à travers le monde, y compris à Toronto, au Canada, lors de cette marche indigène, organisée le 5 novembre 2016.

Il y a eu de nombreux mouvements de protestation sur le parcours de l'oléoduc, mais l'opposition des Indiens de Standing Rock, particulièrement longue et déterminée, a attiré l'attention du monde entier. En avril 2016, tandis que des équipes d'avocats et d'écologistes essayaient de bloquer ou de retarder l'implantation du pipeline en actionnant des leviers juridiques, de jeunes Sioux de Standing Rock ont lancé la campagne #NoDAPL, avant d'appeler le monde entier à se joindre à eux pour bloquer la construction de l'oléoduc.

LaDonna Brave Bull Allard, qui avait 60 ans à l'époque, historienne de la culture lakota (sioux), a établi sur ses terres le premier "camp de résistance" : il prendrait le nom de Camp des Pierres sacrées. Le slogan du mouvement, en langue lakota, était *Mni wiconi* ("L'eau, c'est la vie"). Les opposants au projet ne se voyaient pas comme des "protestataires", seulement comme des "protecteurs de l'eau".

L'établissement de ce premier camp a vite été suivi de celui de camps satellites. Les gens venaient de partout pour s'y installer et organiser le combat mais aussi pour travailler, enseigner et apprendre. Pour les jeunes indigènes, ces rassemblements étaient un moyen de se rapprocher davantage de leur propre culture, de vivre sur leurs terres, de suivre les traditions et d'assister aux cérémonies. Pour les visiteurs, cette expérience hors du commun constituait l'occasion d'acquérir un savoir-faire et des connaissances qu'ils n'avaient pas.

LaDonna Brave Bull Allard a observé ses petits-enfants montrer à leurs hôtes comment couper du bois. Elle a enseigné à des centaines de non-autochtones ce qu'elle considérait être des techniques élémentaires de survie : comment utiliser la sauge comme désinfectant naturel, par exemple, ou comment demeurer au chaud et au sec dans les violentes tempêtes du

Dakota du Nord (pour s'en protéger, disait-elle, tout le monde doit avoir "au moins six bâches" à sa disposition).

Lorsque je suis arrivée à Standing Rock, fin 2016, LaDonna Brave Bull Allard m'a fait remarquer qu'il se jouait ici quelque chose de plus important encore que la seule résistance contre le pipeline : les gens apprenaient à vivre en harmonie avec la terre. L'apprentissage de compétences pratiques, comme la cuisine et le service des repas pour des milliers de personnes, était une source d'inspiration pour les nouveaux venus, mais c'était aussi l'occasion pour eux de découvrir les traditions et les cérémonies que les Sioux avaient su protéger en dépit des siècles d'oppression. La vie dans ces camps impliquait non seulement de se lier et de partager un but commun, mais aussi d'enseigner et d'apprendre autrement. Une grande partie de cette expérience – des séminaires sur la non-violence à la musique des tambours autour du feu sacré – a été partagée avec le reste du monde via les réseaux sociaux qu'alimentaient les visiteurs.

La résistance n'a jamais faibli, même lorsque des forces de sécurité, engagées par Energy Transfer, ont lâché leurs chiens sur les indigènes et leurs soutiens. Mais les choses ont empiré quand, à l'automne 2016, l'armée et la police antiémeute ont évacué violemment un camp situé sur le tracé de l'oléoduc. La répression, ensuite, n'a pas cessé : un mois plus tard, par grand froid, la police s'est même servie de canons à eau pour tremper les "protecteurs de l'eau". Jamais dans l'histoire récente des États-Unis le pouvoir n'avait usé d'une telle violence contre des manifestants.

Puis le gouverneur du Dakota du Nord a décidé de durcir le ton et ordonné, au tout début du mois de décembre, l'évacuation totale des camps. L'idée était d'écraser le mouvement.

Nous avons alors été nombreux à nous rendre sur place pour soutenir les “protecteurs de l'eau”. Un convoi d'environ 2000 vétérans s'est même joint à nous, car ils avaient juré, disaient-ils, de servir et de protéger la Constitution. Après avoir visionné une vidéo montrant de pacifiques “protecteurs de l'eau” brutalement dispersés à coups de balles en caoutchouc, de gaz lacrymogènes et de canons à eau, ces militaires avaient décidé que leur devoir était désormais de tenir tête au gouvernement pour lequel, par le passé, ils s'étaient battus.

Lorsque je suis arrivée, les camps avaient fini par rassembler 10000 personnes environ. Les militants dormaient dans des tentes, des tipis ou des yourtes. Le camp principal était en ébullition : des cuisiniers bénévoles servaient des repas ; des groupes se réunissaient pour étudier la politique ; des joueurs de tambour faisaient cercle autour d'un feu sacré qu'ils entretenaient. Malgré les menaces, ils tenaient bon.

Le 5 décembre, après des mois de résistance, les “protecteurs de l'eau” ont appris que l'administration du président Barack Obama (2009-2017) avait refusé d'accorder à Energy Transfer le permis dont elle avait besoin pour faire passer le pipeline sous la rivière Missouri, au niveau du lac Oahe – l'un des derniers tronçons à construire.

Je n'oublierai jamais le sentiment que j'ai éprouvé quand l'information est tombée. J'étais dans le camp principal en compagnie de Tokata Iron Eyes, une jeune Sioux de 13 ans qui avait participé au lancement du mouvement. Je lui ai montré la vidéo qui annonçait la nouvelle et lui ai demandé ce qu'elle ressentait. “C'est comme si on me rendait mon avenir”, m'a-t-elle répondu, avant de fondre en larmes. Et de tirer les miennes…

La bataille semblait gagnée, mais l'était-elle vraiment ?

Trempés par les tirs des canons à eau et malgré des températures glaciales, les manifestants de Standing Rock n'ont pas reculé.

Il ne restait plus à Obama que quelques semaines de présidence. Donald Trump, déjà élu en novembre, serait bientôt aux commandes. Les bonnes relations qu'il entretenait avec l'industrie du pétrole et du gaz étaient connues, et nous savions que le patron d'Energy Transfer avait largement participé au financement de sa campagne. Certains opposants au projet, craignant de voir leur victoire leur filer entre les doigts, ont donc continué à occuper le camp.

Ils avaient raison.

Dès le mois de janvier 2017, Trump a annulé la décision de son prédécesseur : Energy Transfer était autorisée à mener le projet à son terme, et, fin février, l'armée et les forces de police ont chassé les derniers résistants. L'oléoduc a été achevé et est entré en service en juin. Un rapport publié début 2018 indique qu'il avait déjà fui au moins cinq fois au cours de l'année 2017.

Si le pipeline a été construit, les Sioux de Standing Rock ont continué d'en contester la légalité devant les tribunaux. Et en juin 2020, un juge fédéral a décidé qu'en autorisant cette construction le corps des ingénieurs de l'armée des États-Unis avait violé la loi nationale sur la politique environnementale (Nepa), notamment en omettant de signaler correctement les dangers potentiels qu'elle présentait. Le juge a donc ordonné sa mise à l'arrêt dans l'attente d'une analyse environnementale complète – un processus susceptible de prendre plusieurs années. Pour les Sioux de Standing Rock et tous ceux qui avaient rejoint la campagne #NoDAPL, c'était une belle victoire, quoique durement acquise.

Parallèlement, la pression de la rue avait poussé un certain nombre d'investisseurs à "désinvestir" : environ 80 millions de dollars ont ainsi été retirés des banques qui avaient financé le projet DAPL. Les manifestants qui appellent les banques et autres prêteurs à se désengager des projets d'exploitation des combustibles fossiles ne parviennent pas toujours à en stopper les avancées, mais ils découragent les financiers de soutenir d'autres projets. De leur côté, les Sioux de Standing Rock ont lancé plusieurs chantiers pour alimenter leur communauté en énergie solaire, plutôt que d'avoir à utiliser les combustibles fossiles qui ont failli contaminer l'eau de leur territoire.

Durant ces nombreux mois, les "protecteurs de l'eau" de Standing Rock ont élaboré un modèle de résistance qui dit à la fois "non" et "oui" : *non* aux menaces imminentes, mais *oui* à la construction d'un autre monde, celui que nous voulons et dont nous avons tant besoin.

"Nous sommes ici pour protéger la terre et l'eau, a déclaré LaDonna Brave Bull Allard. C'est pourquoi nous sommes toujours vivants. Pour agir exactement comme nous agissons. Pour aider l'humanité à répondre à la question la plus pressante de toutes : comment vivre *avec* la terre, et non *contre* elle ?"

Une course de fond pour l'avenir

À 14 ans, la jeune Alice Brown Otter s'est retrouvée, à Hollywood, sous le feu des projecteurs de la 90e cérémonie des Oscars. Deux ans plus tôt, en août 2016, elle avait parcouru en petites foulées, avec une trentaine de jeunes Amérindiens, les quelque 2 445 kilomètres qui séparent la réserve sioux de Standing Rock de Washington.

Leur objectif était de remettre au corps des ingénieurs de l'armée des États-Unis une pétition – à l'époque, de 140 000 signatures – qui réclamait l'arrêt de la construction du Dakota Access Pipeline (DAPL) en invoquant le risque que représentaient pour l'eau de la réserve les fuites ou les déversements accidentels potentiels de l'oléoduc.

L'activisme d'Alice Brown Otter est né bien avant cette course de fond et n'a pas pris fin avec elle : "Il est normal, a-t-elle déclaré, que les hommes se lèvent pour défendre la Terre sur laquelle ils vivent. C'est un cadeau d'être là. Notre engagement n'est qu'un juste retour." Selon elle, les jeunes devraient avoir davantage leur mot à dire dans les prises de décision : "Nous sommes les adultes de demain."

En mars 2018 donc, un peu plus d'un an après l'autorisation donnée par le président Trump d'achever la construction du pipeline, Alice Brown Otter était l'une des dix militants invités aux Oscars. Tous sont montés sur scène avec les artistes Common et Andra Day qui ont entonné *Stand Up for Something*, la chanson du film *Marshall* (2017), biopic sur la vie de l'avocat Thurgood Marshall (1903-1993), leader du mouvement des droits civiques et premier juge afro-américain à la Cour suprême.

"C'était vraiment très angoissant au début, a-t-elle reconnu, mais, sur scène, être entourée de gens qui tous, quelle que soit leur cause, se battent finalement pour la même chose, à savoir un changement profond du monde, quelle expérience fantastique !"

Cette histoire est assez symbolique : il suffit parfois d'avancer à son rythme, de mettre un pied devant l'autre, encore et encore, pour faire la différence. Vous pourriez être surpris de voir jusqu'où votre engagement vous mènera.

L'AFFAIRE JULIANA : QUAND DES ENFANTS CONVOQUENT LA JUSTICE

Les enfants peuvent-ils poursuivre un gouvernement en justice sur le motif que celui-ci n'a pas agi contre le changement climatique ? C'est la question qu'a posée le procès climatique "Juliana *versus* États-Unis", intenté en 2015 par vingt et un jeunes de dix États américains.

Tout a commencé le 12 août 2015, quand la plainte a été déposée à la cour fédérale de district de l'État de l'Oregon, où résident onze des plaignants. L'affaire doit son nom à l'une d'entre eux : Kelsey Juliana. Quant aux conseils juridiques, ils leur étaient fournis par un cabinet d'avocats spécialisé dans la protection de l'environnement, la justice climatique et le droit des jeunes à se prononcer sur les questions qui déterminent leur avenir.

L'argument du procès était que le gouvernement américain savait depuis des décennies que la pollution par le dioxyde de carbone due aux combustibles fossiles était à l'origine d'un "changement climatique catastrophique". Or les responsables politiques avaient laissé la crise s'aggraver en aidant et en encourageant l'extraction des combustibles fossiles, y compris sur des terres de propriété publique gérées par des agences gouvernementales.

Pour les plaignants, ces actions constituaient une violation des droits garantis par la Constitution américaine : elles portaient atteinte au "droit fondamental des citoyens de ne subir aucune action de l'État menaçant leur vie, leur liberté et leurs biens". Ils ont également fait valoir que le gouvernement n'avait pas respecté son devoir de gardien et d'intendant du territoire.

La plainte énumérait les "pertes et dommages" que le changement climatique infligeait à la partie civile. Elle apportait des preuves de l'origine anthropique de ce dérèglement, et la connaissance précise que le gouvernement en avait. Il se trouve que l'une des plaignants est la petite-fille de James Hansen, le célèbre climatologue rencontré au chapitre 5. Celui-ci n'a évidemment pas manqué de témoigner.

Quelles étaient les attentes des enfants ? Premièrement, que le tribunal ordonne au gouvernement de cesser de violer la Constitution ; deuxièmement, qu'il déclare inconstitutionnel et interrompe le projet énergétique Jordan Cove, prévoyant l'implantation d'un terminal d'exportation de gaz liquéfié dans le port oréganais de Coos Bay; troisièmement, qu'il ordonne au gouvernement de préparer un plan de réduction des émissions de combustibles fossiles.

Le dépôt de la plainte a été suivi d'une longue période d'attaques et de contre-attaques juridiques au cours de laquelle les administrations successives des présidents Obama et Trump ont tenté à plusieurs reprises de faire rejeter l'affaire.

Elles n'y sont pas parvenues. Après plusieurs ajournements, le procès s'est finalement tenu en octobre 2018. Mais l'administration Trump a aussitôt demandé à la Cour suprême des États-Unis d'annuler la procédure ou de la suspendre à nouveau, ce que la Cour lui a refusé. (Le procès s'est tenu devant un tribunal fédéral, comme prévu, et non devant la Cour suprême.) Le jeune New-Yorkais Vic Barrett, l'un des vingt et un plaignants, a déclaré : "Les droits constitutionnels de l'ensemble des requérants sont en jeu dans cette affaire, et je me réjouis que la Cour suprême des États-Unis accepte que ces droits soient examinés lors du procès. Celui-ci est d'autant plus urgent que le dérèglement climatique nous met chaque jour un peu plus en danger."

Le gouvernement n'a rien voulu savoir, et le procès a de nouveau été repoussé. Cette fois, les avocats de l'administration Trump ont déféré leur demande d'annulation ou de suspension à une cour de juridiction inférieure, la cour d'appel du neuvième circuit, située à San Francisco, qui, elle, a décidé de "surseoir aux poursuites". Le procès a donc été suspendu le temps que trois juges de ladite cour entendent les différentes parties sur l'opportunité de poursuivre ou non l'action en justice.

Les allers et retours juridiques ont duré toute l'année 2019. Mais le mouvement d'action pour le climat Zero Hour – créé en 2017 par les jeunes militantes américaines Jamie Margolin et Nadia Nazar, toutes deux âgées de 15 ans – n'a pas perdu de temps : il a aussitôt lancé une campagne demandant à des milliers de jeunes de tout le pays d'ajouter leur nom à un mémoire d'*amicus curiae*[1] en soutien aux plaignants de l'affaire Juliana. D'autres groupes d'activistes l'ont imité, si bien que le tribunal a fini par recevoir quinze de ces documents.

En janvier 2020, le collège des trois juges de la cour d'appel du neuvième circuit a rendu sa décision : il a jugé la démarche des jeunes plaignants légitime en reconnaissant la réalité du changement climatique, mais deux des trois juges ont décidé qu'il était hors de la compétence d'un tribunal fédéral de leur accorder réparation pour les "pertes et dommages" que le dérèglement climatique leur infligeait. Le jugement rendu par le collège "conclu[ait], à contrecœur, que la cause des plaignants devait être portée devant les instances politiques ou devant le corps électoral".

En d'autres termes, ces deux juges ont dit aux enfants de porter l'affaire devant le Congrès, devant le président ou devant les électeurs.

La troisième juge n'était pas d'accord : "C'est comme si un astéroïde fonçait sur la Terre, a-t-elle écrit dans son avis, et que le gouvernement décidait de mettre hors service nos seules armes de défense. En cherchant à casser ce procès, il a ouvertement revendiqué le pouvoir absolu et inopposable de détruire le pays." Mais comme elle était minoritaire, l'affaire a été classée sans suite.

1. En droit, un mémoire d'*amicus curiae* (littéralement, "ami de la cour") désigne un document présenté par une personne ou une organisation (étrangère au litige) susceptible, par ses observations et (notamment aux États-Unis) par son soutien politique et symbolique, de rallier la cour au point de vue d'une des parties. *(N.d.T.)*

Quand la nouvelle est tombée, Kelsey Juliana était âgée de 23 ans. Elle et les autres plaignants venaient de passer plus de quatre ans à se battre pour le procès : "Je suis déçue que ces juges puissent penser que les tribunaux fédéraux sont incompétents pour protéger la jeunesse américaine, alors même qu'un droit constitutionnel a été violé", a-t-elle déclaré. Pourtant, ce "non", triste fruit de tant d'efforts, n'a pas dissuadé les jeunes et leurs avocats de persévérer.

L'un des principaux avocats a déclaré : "L'affaire Juliana est loin d'être finie. Les jeunes plaignants vont demander à la cour d'appel du neuvième circuit de se réunir en formation plénière pour réexaminer cette décision et ses implications catastrophiques pour notre démocratie constitutionnelle."

Les jeunes militants de l'affaire Juliana ont appris à leurs dépens à quel point il peut être long et compliqué de chercher à obtenir justice devant les tribunaux, mais, avec leur équipe juridique, ils ont décidé de mener le combat jusqu'à son terme.

Selon de nombreux experts juridiques, d'autres procès de ce type risquent d'être intentés aux États-Unis, surtout si le président et le Congrès s'obstinent à ne rien faire contre le changement climatique. Heureusement, comme l'écrit Paul Sabin, un professeur d'histoire de l'environnement de l'université Yale : "Les tribunaux continuent de réfléchir à l'inévitable rôle qu'ils pourraient avoir à jouer." Ce n'est pas parce qu'un tribunal a refusé de juger une affaire que tous les tribunaux l'imiteront.

LA JUSTICE CLIMATIQUE AU TRIBUNAL DES NATIONS UNIES

En mai 2019, un groupe d'habitants des îles du détroit de Torres – qui sépare la pointe nord de l'Australie de la Papouasie-Nouvelle-Guinée – est également entré dans l'histoire, mais cette fois en déposant la toute première plainte en justice climatique auprès des Nations unies. Le dérèglement climatique est en train de détruire leur territoire, et ils estiment que le gouvernement de l'Australie (pays auquel appartiennent une grande partie de ces îles) n'a pas accompli ce qu'il fallait pour les protéger ou protéger leur mère patrie.

Les habitants des îles du détroit de Torres sont des indigènes. Leurs ancêtres étaient présents dans ce coin du monde bien avant les Européens, comme l'étaient les Premières Nations et les peuples autochtones dans ce qu'il est convenu d'appeler les Amériques. Si la majorité des indigènes des îles du détroit de Torres résident aujourd'hui en Australie continentale, plus de 4000 d'entre eux vivent encore sur les quelque quatorze îles habitées de l'archipel, qui en compte plus de deux cent soixante-dix.

Certaines de ces îles sont les sommets rocheux de montagnes sous-marines. D'autres, parfois habitées, sont de faible altitude et composées de sable corallien ; quelques-unes ne s'élèvent pas à plus de un mètre au-dessus du niveau de la mer. Ces îles ont déjà subi les effets du changement climatique évoqués au chapitre 2 : les tempêtes tropicales qui les frappent sont toujours plus violentes ; la montée des eaux grignote lentement les littoraux, submergeant peu à peu les terres ou les érodant ; et l'eau salée s'invite dans les sources d'eau potable. Mais ce n'est pas tout.

Kabay Tamu est l'un des insulaires qui ont porté plainte auprès des Nations unies. Sa famille vit sur l'île de Warraber depuis six générations : "Quand, avec l'érosion, les terres sont emportées par la mer, c'est comme si une part de nous-mêmes disparaissait avec elles – un bout de notre cœur, un bout de notre corps. Ça a beaucoup d'effet sur les insulaires. Pas seulement sur les îles, mais sur nous, en tant que peuple. Ce site est sacré pour nous, et nous lui sommes spirituellement attachés. Le fait de déconnecter les gens de la terre et de ses esprits est catastrophique."

Tamu nous alerte que leur avenir est en danger : "C'est tragique d'imaginer que mes petits-enfants ou mes arrière-petits-enfants devront quitter leur patrie à cause de choses dont nous ne sommes pas responsables et auxquelles nous ne pouvons rien. Avec la montée des eaux, les raz de marée, l'érosion des côtes et l'inondation de nos villages, c'est tous les jours que nous observons les conséquences du changement climatique sur notre territoire." Les indigènes des îles du détroit de Torres ont peur qu'en étant contraints de quitter leurs îles ils voient leur histoire, leur culture et même leur langue disparaître.

Dans leur action en justice, Tamu et les siens sont représentés par ClientEarth, une organisation à but non lucratif spécialisée dans le droit environnemental. La plainte déposée par ce groupe auprès du Comité des droits de l'homme des Nations unies stipule qu'en ne réduisant pas les émissions de gaz à effet de serre et en ne prenant pas les mesures nécessaires pour protéger les îles, le gouvernement australien a violé les droits de leurs habitants à la vie, à la culture et à la liberté : "Dans cette affaire, l'Australie manque à ses obligations en matière de droits de l'homme."

ClientEarth demandait également au comité des Nations unies d'inciter l'Australie à réduire fortement ses émissions de gaz à effet de serre et à abandonner progressivement l'utilisation du charbon. Ce pays, en plus de tirer environ 79 %

de son énergie des combustibles fossiles (charbon, pétrole et gaz naturel), est, nous l'avons dit, un important producteur et exportateur de charbon, l'énergie fossile la plus polluante et par conséquent la plus active dans le changement climatique.

Il faudra vraisemblablement un peu de temps au comité des Nations unies pour répondre à la plainte des indigènes du détroit de Torres. Comme dans le cas de la plainte déposée, rappelez-vous, par Greta Thunberg et quinze autres jeunes activistes de différentes nationalités (contre l'Allemagne, l'Argentine, le Brésil, la France et la Turquie), les Nations unies ne peuvent pas obliger l'Australie à agir, même si le Comité des droits de l'homme finissait par statuer en faveur des insulaires. Les nations membres ont uniquement pour devoir de "considérer" les décisions ou les recommandations formulées par les comités onusiens.

Néanmoins, les deux plaintes déposées auprès des Nations unies (d'abord celle des îliens du détroit de Torres, puis celle des seize jeunes activistes) ont eu le mérite de mettre le changement climatique – et la justice climatique – sur le devant de la scène internationale. Et ces recours judiciaires sont des leviers que les mouvements écologistes et les politiques peuvent utiliser pour exiger des actions significatives.

Quelles qu'en seront les conclusions, ces affaires sont le signe d'un changement d'époque. Elles montrent que les gens, et en particulier les jeunes, ne laisseront pas leur pays disparaître sans rien faire, ni ne sacrifieront leur avenir pour permettre au reste du monde d'assouvir sa soif d'énergies fossiles. Ils se sont levés et se sont adressés directement aux compagnies d'énergie, aux gouvernements, aux tribunaux et aux différentes nations afin d'exiger des actions. D'autres les imiteront sûrement. L'appel au changement se renforcera à mesure que de nouvelles voix se joindront aux leurs. Et un jour, la résistance sera si grande qu'elle ne pourra plus être ignorée.

WE NEED A
GREEN
JUST TRANSITION
RIGHT T
GOOD JOB
AND A
LIVABL
FUTUR

III

ET APRÈS ?

WE HAVE
12 11
YEARS
1st
ONE WAY
BLACKROCK STOP
LOBBYING FOR
→DESTRUCTION

7

Changer l'avenir

Certaines conséquences du changement climatique sont désormais inéluctables, et il nous faudra vivre avec – vous comme moi. Car nous ne pouvons pas remonter dans le temps et revenir sur nos choix passés. Ce qui est fait est fait.

En revanche, en agissant aujourd'hui, nous pouvons changer l'avenir.

Quoi qu'on fasse, le dérèglement climatique est en marche. La hausse de la température globale de la planète modifie déjà le mode de vie des hommes, des animaux et des végétaux, et cela va se poursuivre. Même si, dès demain, le monde entier arrêtait d'émettre des gaz à effet de serre, les températures continueraient d'augmenter et le climat d'évoluer, au moins durant un certain temps.

Les questions qui se posent sont donc les suivantes : dans quelles proportions le climat va-t-il changer et à quelle vitesse ? Quelle sera l'ampleur du dérèglement que les générations actuelles et suivantes auront à affronter ?

Les réponses dépendent de ce que nous entreprenons maintenant. Si nous suivons l'exemple et les conseils des indigènes des îles du détroit de Torres, de Greta Thunberg et des jeunes activistes de l'affaire Juliana, nous réduirons considérablement la quantité de gaz à effet de serre rejetée dans l'atmosphère. Nous aurons ainsi un bien meilleur avenir climatique que si nous continuons à brûler des combustibles fossiles et à détruire les forêts sans penser aux lendemains. Tout doit changer, nous le savons. Mais comment nous y prendre ?

Un certain nombre de solutions ont été proposées pour surmonter la crise climatique, des plus avant-gardistes aux plus pragmatiques. Certaines d'entre elles sont déjà employées, mais elles ne sont pas suffisantes pour tout changer. D'autres approches n'ont pas encore été expérimentées. Quelques-unes sont risquées. Quelques-unes sont même impossibles à mettre en œuvre. Mais il en existe qui se montrent d'ores et déjà prometteuses.

LA solution capable de répondre à tous les cas de figure n'existe pas. Comme vous le verrez dans ce chapitre et le suivant, pour résoudre un problème aussi complexe que le changement climatique mondial, nous devons faire appel à une multitude d'idées et d'outils. Mais disons-le d'emblée, tout commence avec les gens et les valeurs qu'ils défendent.

SI LE CARBONE EST LE PROBLÈME...

Si le dioxyde de carbone participe au dérèglement climatique plus que tout autre gaz à effet de serre, pourquoi ne pas s'y attaquer directement ?

Cette stratégie porte le nom de "captage et stockage du carbone" (CSC) : l'idée consiste à aspirer le dioxyde de carbone hors de l'atmosphère (ou à l'empêcher d'y pénétrer) et à le placer dans un endroit sûr, à l'écart, où il ne peut pas nuire.

Il existe de nombreuses technologies de captage et de stockage du CO_2. Certaines d'entre elles en sont encore au stade de la programmation ou en phase de test. D'autres sont déjà utilisées à des fins commerciales dans le monde entier.

La première étape consiste donc à capturer le carbone. Cela peut être accompli directement *à la source* des émissions (les centrales thermiques traditionnelles, par exemple) avant que le gaz ne puisse s'échapper dans l'atmosphère ; ou directement *dans l'atmosphère* à l'aide de ventilateurs qui déplacent l'air afin de lui faire traverser des filtres ou des dispositifs chimiques. Une fois capturé (à la source, ou dans l'air), le CO_2 est séparé des autres gaz (oxygène, vapeur d'eau, azote) par différents procédés, avant d'être collecté, déshydraté, comprimé et enfin transporté jusqu'à son lieu de stockage.

La seconde étape du CSC consiste à déterminer l'usage qui sera fait du dioxyde de carbone une fois collecté. Il est d'abord possible de l'enterrer profondément en espérant qu'il ne s'échappera pas : c'est ce qu'on appelle le "stockage géologique". Certains lieux de stockage du CO_2 sont d'anciennes veines de charbon ou d'anciens réservoirs d'hydrocarbures laissés vides après leur exploitation. Une autre possibilité consiste à stocker le dioxyde de carbone dans des couches aquifères salines, à savoir des couches de roches poreuses (ou perméables) saturées d'eau, dont l'étanchéité dépend de la solidité et de la non-porosité des couches géologiques qui les recouvrent. Une fois que le CO_2 est injecté dans la roche poreuse, les couches supérieures l'y emprisonnent.

C'est cette méthode qui a été utilisée dans le gisement gazier de Sleipner, en mer du Nord, où une société norvégienne extrait de l'huile et du gaz naturel depuis 1974.

Une installation de captage du carbone dans une mine de charbon américaine.

En 1996, l'entreprise a commencé à capturer le CO_2 présent dans le gaz naturel qu'elle extrayait et à l'injecter dans une couche aquifère située à environ 1 000 mètres sous la mer. En outre, pour détecter d'éventuelles fuites et perturbations géologiques, une batterie de plusieurs dizaines de moniteurs de contrôle a été installée sur les fonds marins. L'Institut d'études géologiques britannique (BGS), l'une des nombreuses organisations en charge de surveiller le gisement de Sleipner, rapporte que, "jusqu'à présent, le CO_2 est confiné en toute sécurité dans le réservoir de stockage". Ce gisement – offrant encore une capacité de stockage de plusieurs années – est considéré aujourd'hui comme un exemple réussi de captage et de stockage du dioxyde de carbone.

Une autre technique de stockage consiste à injecter le dioxyde de carbone dans des roches poreuses susceptibles, au contact du gaz, d'entrer en réaction avec lui et de l'y pétrifier. En 2013, cette approche a été testée dans l'État de Washington (à la pointe nord-ouest des États-Unis) et en Islande. Les chercheurs ont injecté du CO_2 sous forme liquide dans du basalte (une roche volcanique) souterrain, et la majeure partie du gaz s'est transformée en roche (on dit qu'il s'est "minéralisé") en deux ans.

Prometteur, non ? À ceci près que, si le CO_2 n'est pas capturé à proximité de l'endroit où il peut être mis sous terre de manière sécurisée, il doit être déplacé, et éventuellement sur de grandes distances. L'opération risque alors d'être aussi dangereuse qu'onéreuse et énergivore.

Le Giec (voir p. 50) a déclaré que le captage et le stockage du carbone devraient contribuer à ramener la quantité de dioxyde de carbone dans l'atmosphère à un niveau acceptable. Pourtant, le CSC est loin de pouvoir résoudre le problème à lui tout seul. Depuis 2019, environ 30 millions de tonnes de dioxyde de carbone sont capturées et stockées chaque année à travers le monde, avec plus des deux tiers des installations de CSC situées en Amérique du Nord. La quantité totale de CO_2 ainsi capturé ne représente qu'une infime partie de ce qu'il faudrait épargner à l'atmosphère pour nous permettre de respecter l'objectif de l'accord de Paris en matière de réduction des émissions de gaz à effet de serre.

La technologie CSC, en plus d'être coûteuse, ne rapporte pas d'argent, ce qui n'est pas pour attirer les entreprises, généralement conçues pour réaliser des bénéfices. Alors qu'il pourrait y avoir un marché pour l'utilisation du CO_2 capturé (dans l'industrie alimentaire, la métallurgie, l'industrie chimique, etc.), les entreprises énergétiques utilisent surtout le CSC pour obtenir des avantages fiscaux dans leur pays ou éviter de payer des pénalités de pollution. Pour que le CSC ait un véritable effet sur le changement climatique, il faudrait que les gouvernements, et pas seulement les entreprises, investissent davantage dans son développement, de telle sorte que les volumes mondiaux de captage et de stockage du dioxyde de carbone soient très supérieurs à ceux d'aujourd'hui.

Mais au-delà du coût d'un tel investissement, il y a la question de la sécurité. Un certain nombre de scientifiques s'inquiètent des risques que pourrait représenter le stockage du dioxyde de carbone durant de longues périodes. Cette technologie n'existe et n'est étudiée que depuis quelques décennies. Sommes-nous certains que le gaz enfoui ne s'échappera jamais pour aller polluer de nouveau notre eau ou notre atmosphère ? L'injection de CO_2 dans le sol ne risque-t-elle pas d'augmenter les risques de mouvements de terrain, de secousses, voire de tremblements de terre qui libéreraient le gaz stocké ? Dans les régions où l'industrie énergétique pratique la fracturation hydraulique – qui, rappelons-le, consiste à injecter un fluide sous haute pression pour extraire des hydrocarbures piégés dans des roches souterraines –, les mouvements de terrain se sont multipliés.

Mais il y a quelque chose de plus fondamentalement critiquable. Le captage et le stockage du dioxyde de carbone font tout simplement partie du système qui pose problème au premier chef : l'industrie des combustibles fossiles. La construction de nouvelles installations de CSC et le déplacement consécutif du CO_2 capturé signifieraient davantage d'extraction et d'énergie dépensée. Et d'où viendrait cette énergie? Des mêmes combustibles fossiles que ceux qui, à l'origine, ont servi à extraire le dioxyde de carbone?

En plaçant nos espoirs dans le CSC, nous risquons d'encourager la poursuite de l'exploitation des combustibles fossiles, et de nous rassurer à peu de frais en nous disant : "Certes, les émissions de dioxyde de carbone sont dangereuses, mais cela n'a pas tellement d'importance puisque nous pouvons en débarrasser l'atmosphère." Un tel raisonnement pourrait aussi nous inciter à ne pas investir dans des sources d'énergies renouvelables et moins polluantes, comme les énergies solaire et éolienne.

En outre, la technologie du CSC permet à bon compte de remettre à plus tard le débat sur la quantité d'énergie que nous consommons. En d'autres termes, cette technologie ne s'attaque pas à la racine du problème, qui est notre dépendance aux combustibles fossiles et l'idée – qui l'a fait naître – que nous pourrions disposer sans limites des ressources terrestres. Si nous continuons à vivre comme hier, il est vain de penser que, pour nous en sortir, il suffit d'enfouir les dangereux sous-produits qui ont mené à la crise. Nous devons changer notre mode de vie de telle sorte que personne, à l'avenir, ne puisse être confronté au même péril.

PIRATER NOTRE PLANÈTE

J'ai habité quelque temps sur la Sunshine Coast de Colombie-Britannique, au Canada. C'est là que notre fils est né. Un jour, alors qu'il avait à peine 3 semaines, qu'il venait encore de nous tirer du lit (à 5 heures du matin) et que mon mari et moi regardions rêveusement à travers la fenêtre, nous avons vu une chose extraordinaire : dans l'océan, deux imposantes nageoires dorsales noires fendaient l'eau, puis deux de plus : des orques !

Jamais nous n'avions vu une seule orque sur cette partie de la côte. Et jamais nulle part nous n'en avions vu s'aventurer ainsi à quelques mètres du rivage. En voir quatre d'un coup tenait du miracle, et nous nous disions que le bébé avait certainement dû nous réveiller pour que nous ne manquions pas cette visite exceptionnelle.

Plus tard, j'ai appris qu'une étrange expérience menée dans l'océan avait vraisemblablement un rapport avec le spectacle qui nous avait été offert.

En juillet 2012, à plus de 300 kilomètres au large des côtes de la Colombie-Britannique, un homme d'affaires américain du nom de Russ George avait utilisé un bateau de pêche pour déverser dans l'océan 120 tonnes de sulfate de fer (un engrais pour pelouse). Son idée était de fertiliser l'océan et de nourrir les algues au point de provoquer une "efflorescence algale", c'est-à-dire une soudaine et forte augmentation de la concentration des microalgues en suspension dans la couche de surface de l'océan. Ces algues – par le processus naturel de photosynthèse, qui est propre aux plantes – devaient absorber massivement une partie du dioxyde de carbone présent dans l'atmosphère et effectuer la démonstration que le sulfate de fer pouvait être un atout dans la lutte contre le changement climatique.

À en croire Russ George, cette fertilisation par le fer avait créé une efflorescence algale de la moitié de la taille de l'État américain du Massachusetts[1] et attiré la faune aquatique de toute la région, dont d'innombrables baleines. Les orques

1. Soit l'équivalent à peu près de la région Île-de-France. *(N.d.T.)*

sont des mammifères carnivores de la famille des cétacés à dents : elles se nourrissent par conséquent de poissons et d'autres mammifères marins. Celles que j'ai vues se dirigeaient-elles vers le festin que leur promettait la faune attirée par l'efflorescence de phytoplancton de Russ George ? Rien n'est moins sûr, mais je ne pouvais pas m'empêcher de me poser la question.

La manipulation ou la modification délibérée du climat et de l'environnement est appelée "géo-ingénierie" – ou, pour le dire autrement, "ingénierie du système Terre". Une qualification qui renvoie ni plus ni moins à l'idée que la Terre est une machine que l'on peut bricoler pour en obtenir ce qu'on veut.

Pour les promoteurs de la géo-ingénierie, nous avons déjà tellement interféré avec le système Terre en rejetant des gaz à effet de serre dans l'atmosphère qu'il semble logique d'user de ce pouvoir d'interférence pour corriger nos erreurs.

D'autres mondes ?

Elon Musk, le célèbre milliardaire américain d'origine sud-africaine, fondateur en 2002 de la société SpaceX (spécialisée dans le lancement et le vol spatiaux), est aussi le directeur général de Tesla (constructeur de voitures électriques). En 2018, il a associé les deux entreprises dans le cadre d'un test scientifique, qui avait tout l'air d'un coup marketing.

Cette année-là, SpaceX avait besoin de lancer quelque chose dans l'espace pour tester la fusée *Falcon Heavy*, son premier lanceur lourd. Et c'est le modèle sport de la gamme automobile de l'homme d'affaires, la Tesla

Roadster, qui a été choisi, avec, à son bord, Starman, un mannequin vêtu d'une combinaison spatiale. L'opération a été un succès pour SpaceX, et la décapotable rouge vif d'Elon Musk tourne désormais autour du soleil.

Parmi les raisons qui ont poussé Musk à investir dans le voyage spatial, il y a son intention d'établir une colonie sur Mars. Selon lui, la colonisation de cette planète, voisine de la Terre, est devenue indispensable à la survie de l'espèce humaine.

La Terre, craint-il, risque de devenir un jour inhabitable pour les humains : le dérèglement climatique pourrait perdurer et se renforcer ; un astéroïde pourrait entrer en collision avec la Terre et nous exterminer ; une guerre mondiale pourrait dévaster la planète et la transformer en un immense désert. Dans un cas pareil, Mars serait notre issue de secours. Là-bas, une colonie empêcherait notre espèce de disparaître. Sans parler du fait que, dans tous les cas, ce serait "assez génial" d'aller sur Mars.

Les entreprises de Musk travaillent actuellement sur un prototype de transporteur spatial destiné à envoyer les premiers colons sur Mars. Toutefois, selon certains experts de la science planétaire, s'il est effectivement possible que nous puissions un jour envoyer des hommes sur Mars pour accomplir des missions scientifiques, il serait extrêmement difficile pour eux d'y vivre de façon permanente. Même si les colons résolvaient la difficile équation de l'approvisionnement en air, en eau et en nourriture, un autre danger permanent les guetterait : on ignore encore comment le corps humain résisterait à une exposition de longue durée au rayonnement solaire non seulement dans l'espace, mais aussi sur Mars, où l'atmosphère est trop fine pour bloquer correctement les rayons.

Mais Elon Musk n'est pas le seul à s'être tourné vers l'espace pour trouver une solution au dérèglement climatique. L'Américain Rand Paul, un sénateur libertarien du Kentucky, a émis une idée encore plus farfelue en janvier 2020 : selon lui, nous devrions nous mettre, dès à présent, à "chercher des lunes ou des planètes adaptées et commencer à y créer des atmosphères".

Le processus consistant à rendre une planète ou un satellite naturel habitable par l'homme est appelé "terraformation". La science-fiction s'est largement emparée du sujet, mais nous sommes encore très loin d'avoir les connaissances suffisantes pour transformer un corps céleste en une autre Terre, sans compter que cela pourrait bien être tout à fait impossible.

Rand Paul l'a peut-être dit pour plaisanter. En revanche, ce qui est réellement affligeant, c'est qu'il compte parmi ces nombreux politiciens qui refusent d'accepter le fait que le dérèglement climatique résulte des activités humaines. On notera le paradoxe : s'ils ne croient pas que l'activité humaine puisse changer le climat de la Terre, comment peuvent-ils croire que l'homme soit en mesure de transformer l'environnement naturel d'autres planètes ?

Une colonie sur Mars, ou sur quelque autre planète ou satellite "adapté(e)", en en admettant la possibilité, ne pourrait jamais accueillir l'espèce humaine dans toute sa diversité, car il serait extrêmement coûteux et difficile de faire voyager autant de monde dans l'espace, sans parler de l'air, de l'eau et de la nourriture nécessaires à leur survie. Au mieux une colonie extraterrestre pourrait-elle

offrir une vie (très difficile) à quelques survivants spécialement sélectionnés.

En attendant, nous devons garder les pieds sur terre et chercher des solutions réalistes. En l'état actuel de nos connaissances, la Terre est la seule planète en mesure de nous donner vie. Il faut donc continuer de tout faire pour la sauver.

Les géo-ingénieurs promeuvent les actions à grande échelle pour diminuer les effets du réchauffement climatique. En plus de vouloir fertiliser les océans, ils ont suggéré de réduire la quantité du rayonnement solaire qui traverse l'atmosphère et touche la surface terrestre. Certaines de leurs idées, comme les miroirs spatiaux censés réfléchir les rayons solaires, sont pure science-fiction et concrètement irréalisables. En revanche, celle qui consiste à s'inspirer de certaines grandes éruptions volcaniques a suscité beaucoup plus d'attention.

La plupart des éruptions volcaniques éjectent des cendres et des gaz dans la troposphère (la partie basse de l'atmosphère). Parmi ces gaz, il y a le dioxyde de soufre, qui, au contact de la vapeur d'eau atmosphérique, se transforme en un aérosol d'acide sulfurique, dont les minuscules gouttelettes finissent simplement par retomber sur la Terre. Mais il arrive parfois qu'une éruption envoie une grande quantité de dioxyde de soufre beaucoup plus haut dans l'atmosphère. Il suffit alors de quelques semaines pour que les courants atmosphériques déplacent ces aérosols tout autour de la planète.

Or, les gouttelettes de ce brouillard acide agissent comme de minuscules miroirs, et, en renvoyant une partie de la chaleur du soleil vers l'espace, elles ont pour effet de diminuer les températures terrestres. Si une telle éruption se produisait sous les tropiques, les aérosols pourraient rester un à deux ans dans la stratosphère (l'une des couches supérieures de l'atmosphère) et provoquer un refroidissement global de plus longue durée encore.

En juin 1991, l'éruption du volcan Pinatubo, aux Philippines, a justement provoqué ce genre d'ensemencement de l'atmosphère, et, un an plus tard, les températures mondiales ont chuté de près de 0,5 °C. Certains scientifiques émettent donc l'idée qu'en imitant technologiquement la nature nous pourrions diminuer la température de la Terre et combattre le dérèglement climatique.

Malheureusement, les risques auxquels nous expose la géo-ingénierie sont immenses.

Il se peut, par exemple, que nous n'ayons plus jamais la possibilité de profiter d'un ciel bleu. Selon la méthode utilisée pour bloquer le rayonnement solaire, et selon l'intensité de son application, une brume permanente pourrait envelopper la Terre. La nuit, l'observation des astres depuis le sol deviendrait difficile. Le jour, l'atténuation de la lumière du soleil pourrait réduire notre capacité de production d'énergie photovoltaïque, ce qui est particulièrement problématique quand on sait que cette énergie – propre et renouvelable – est la voie à suivre si l'on souhaite réduire les émissions de gaz à effet de serre.

La reproduction des effets des grandes éruptions volcaniques modifierait probablement aussi les conditions atmosphériques et le régime des pluies, au risque d'accentuer les inégalités à travers le monde. Selon l'usage qui serait fait de ce type de géo-ingénierie, des études prédisent qu'interférer avec les précipitations saisonnières d'Asie et d'Afrique risque de provoquer des sécheresses dans certains des pays les plus pauvres du monde. En d'autres termes, la géo-ingénierie pourrait mettre en péril les sources d'eau et de nourriture de milliards de personnes. Le changement climatique nous l'a pourtant déjà montré : lorsqu'on touche à l'atmosphère de la planète, bien des choses imprévisibles peuvent arriver.

GÉO-INGÉNIERIE

Les projets de géo-ingénierie comprennent (de gauche à droite) la mise en orbite de miroirs destinés à réfléchir une partie du rayonnement solaire, la dispersion de produits chimiques dans l'atmosphère capables de créer des nuages artificiels, et la construction de filtres atmosphériques géants pour absorber les gaz à effet de serre.
Qui peut dire aujourd'hui que le bénéfice que nous en tirerons sera supérieur aux risques auxquels ces procédés nous exposeront ?

Et que faut-il penser de la fertilisation de l'océan, comme Russ George l'a entreprise en Colombie-Britannique ? Ce type de géo-ingénierie risque de donner une couleur verte à l'eau de mer, mais il pourrait y avoir des conséquences beaucoup plus graves encore. Nous savons déjà que les engrais et les déchets d'origine animale rejetés dans l'océan provoquent souvent l'apparition de "zones mortes", à savoir des zones océaniques où l'eau ne contient pas assez d'oxygène pour permettre à la vie de se développer.

Les engrais et les déchets alimentent les efflorescences algales, comme celle que Russ George a créée au large des côtes canadiennes. Les algues, comme n'importe quelle plante verte, consomment du dioxyde de carbone et libèrent de l'oxygène. L'idée semble par conséquent formidable au premier abord. Mais le problème vient des milliers de milliards de minuscules créatures océaniques et des poissons qui affluent sur zone pour se nourrir des algues. Leur festin s'accompagne naturellement de déjections, dont la décomposition s'ajoute à celle des algues qui meurent. Ce processus global de décomposition absorbe alors plus d'oxygène que les algues vivantes n'en libèrent, et le milieu cesse d'être adapté à de nombreuses formes de vie océanique. Fertiliser l'océan pourrait donc faire plus de mal que de bien à l'environnement.

La géo-ingénierie – d'aucuns parlent de "piratage climatique" – soulève également des questions d'équité. Un certain nombre de gouvernements, d'universités, d'investisseurs et d'entreprises privées envisagent désormais d'engager des recherches sur tout un éventail de projets en géo-ingénierie ou d'en fixer les règles. Menés à grande échelle, certains d'entre eux pourraient avoir des répercussions négatives sur toute la planète.

Qui peut s'arroger le droit de déverser ou non de grandes quantités d'engrais dans la mer ou de répandre des aérosols dans le ciel ? Demandera-t-on l'accord de tous ceux qui risquent d'en être victimes ? Que se passera-t-il le jour où un petit groupe de nations ou un seul pays (voire un unique géo-ingénieur peu scrupuleux) décidera d'aller de l'avant ?

En dépit des risques et des inconvénients, nombre de chercheurs travaillent déjà sur des plans visant à tester différents programmes de géo-ingénierie. Mais ne vaudrait-il pas mieux modifier nos usages, à savoir réduire notre utilisation des combustibles fossiles, *avant* de commencer à bricoler les systèmes qui sont à la base de la vie sur Terre ?

Nous savons parfaitement que la réduction des énergies fossiles et des émissions de gaz à effet de serre est une solution fonctionnelle. L'idée peut en effrayer certains, car cela suppose de changer absolument tout, mais n'est-ce pas un moindre mal au vu de ce qu'il nous faudra modifier si nous ne prenons pas les bonnes mesures contre le dérèglement climatique ? N'oubliez pas non plus qu'une transformation majeure de notre façon de vivre sera aussi l'occasion de créer un monde plus juste pour tous les peuples, et plus sain pour toutes les espèces vivant sur terre, sous l'eau ou dans les airs.

S'il y a une chose que nous devons envisager, c'est celle-là, et vous verrez dans les pages qui suivent que certains s'y emploient déjà. En transformant les catastrophes en autant d'occasions de faire de leur mode de vie une arme contre le dérèglement climatique, ils testent les outils – universels – sur lesquels votre génération pourra s'appuyer.

UNE ANCIENNE INVENTION DE LA NATURE

Il existe un procédé de captage et de stockage du dioxyde de carbone dont nous pourrions facilement profiter. Il ne nécessite pas de technologie coûteuse et offre de nombreux avantages en plus de purifier l'atmosphère. L'invention est ancienne, et nous la devons à la nature : c'est l'arbre.

Un article paru en juillet 2019 dans la revue américaine *Science* a élu la "restauration des arbres" à l'échelle planétaire l'une des "stratégies les plus efficaces pour atténuer le changement climatique". L'article dit qu'en augmentant le couvert arboré de la Terre de 0,9 milliard d'hectares (soit environ quatorze fois la superficie de la France) nous augmenterions la canopée planétaire de 25 %. Ces arbres supplémentaires, une fois arrivés à maturité, pourraient absorber et stocker les deux tiers du CO_2 anthropique présent dans l'atmosphère.

En revanche, il faut agir vite, car les conséquences du changement climatique (excès de chaleur, sécheresses ou inondations) rendront certaines régions de la Terre – notamment entre les tropiques – impropres à la reforestation.

D'autres scientifiques ont contesté l'article sur quelques points, mais l'idée centrale demeure parfaitement valable. Les arbres sont une arme puissante pour lutter contre les gaz à effet de serre.

En avril 2019, j'ai publié en ligne une lettre ouverte cosignée avec un certain nombre de scientifiques, de militants et d'artistes (parmi lesquels Greta Thunberg et l'écrivain britannique Philip Pullman, l'auteur d'*À la croisée des mondes*), destinée à attirer l'attention sur le rôle crucial des arbres, et des plantes en général, dans la lutte pour le climat. Vous la trouverez à la fin de cet ouvrage, p. 275, sous son titre "Appuyons-nous sur la nature pour lutter contre la crise climatique". Dans cette lettre, nous exhortions les gouvernements du monde entier à entreprendre avec les communautés locales "une démarche trop rare, mais ô combien exaltante, consistant à extraire le dioxyde de carbone de l'atmosphère par le seul fait de protéger, de restaurer et de rétablir les écosystèmes".

Les écosystèmes sont les outils naturels de notre planète pour débarrasser l'atmosphère de son excès de dioxyde de carbone, car, nous l'avons dit, quel que soit leur écosystème, les végétaux consomment du CO_2 et dégagent de l'oxygène. Il n'y a pas que les forêts qui absorbent et stockent le dioxyde de carbone. Il y a aussi les zones humides, les prairies, les marais, les fonds marins. Autant d'écosystèmes pour d'innombrables espèces (encore) vivantes dont nos activités risquent de provoquer l'extinction. Nous devrions veiller à rendre nos industries et nos modes de vie moins dépendants des énergies fossiles, et ce pour protéger, restaurer et aider ces milieux à prospérer.

Voilà quelque chose que nous pourrions entreprendre dès maintenant. L'idéal, bien sûr, serait que tous les pays du monde se lancent dans un vaste programme de plantation d'arbres, mais, en attendant, nous pouvons agir individuellement sur la moindre parcelle de terre que nous possédons. Les arbres sont des abris pour les oiseaux et les insectes, et des sources de nourriture (du moins, certains d'entre eux). En outre, le temps qu'ils mettent à pousser en fait des symboles de notre foi en l'avenir. Planter et entretenir ne serait-ce qu'un seul arbre est une manière de dire : "Je crois en l'avenir."

ÉCLAIRER LA VOIE

En septembre 2017, l'île caribéenne de Porto Rico a été frappée de plein fouet par les vents violents et les fortes pluies de l'ouragan Maria. Après la tempête, les gens sont sortis de chez eux pour évaluer l'étendue des dégâts.

Les habitants de la municipalité montagneuse d'Adjuntas n'avaient plus d'eau ni d'électricité. C'était le cas partout sur l'île. Mais la petite ville était en prime coupée du monde. Les coulées de boue et l'enchevêtrement chaotique des arbres arrachés et des branches brisées avaient rendu les routes totalement impraticables.

Seule, à côté de la place principale, une grande bâtisse rose laissait encore jaillir de la lumière à travers chacune de ses fenêtres. On aurait dit un phare dans la nuit.

Ce que j'ai vu à Porto Rico après l'ouragan Maria m'a rappelé à bien des égards ce que j'avais pu observer à La Nouvelle-Orléans après l'ouragan Katrina. Mais un élément de l'île, cette maison flamboyante, donnait une impression très différente, et j'ai vite compris qu'il se passait quelque chose de nouveau ici. L'endroit était porteur d'espoir.

Cette maison était la Casa Pueblo, siège d'une organisation d'autogestion communautaire et quartier général d'un groupe environnemental. Le centre avait été fondé vingt ans plus tôt par un couple de scientifiques qui avaient eu l'idée d'installer des panneaux solaires sur leur toit pour fabriquer de l'électricité. À l'époque, cette technologie était encore considérée comme futuriste et ne semblait présenter qu'une utilité marginale. Mais avec les années, la Casa Pueblo a modernisé son matériel et a fait son miel de l'abondant soleil caribéen.

Contrairement aux poteaux électriques qui s'étaient retrouvés à terre, ces panneaux solaires avaient réchappé aux vents violents et aux chutes d'arbres de l'ouragan Maria. Quand la nuit épaisse est tombée sur l'île, la Casa Pueblo était devenue la seule source d'énergie électrique à des kilomètres à la ronde.

Les gens venaient de toutes les collines alentour pour se rapprocher de cette lumière chaleureuse et accueillante. Comme les secours n'arrivaient pas (il leur faudrait des semaines pour commencer à apporter une aide significative), les sinistrés se sont organisés tout seuls, et la maison rose est rapidement devenue le centre névralgique de la communauté. Les rescapés venaient avec de la nourriture et de l'eau, des bâches pour fabriquer des abris temporaires, des tronçonneuses pour déblayer les rues. Et grâce à l'inestimable énergie solaire, ils ont pu recharger leurs téléphones portables, communiquer avec leurs proches et profiter de la connexion par satellite du centre.

La Casa Pueblo est également devenue un petit hôpital de campagne et a permis de sauver des vies. Les personnes âgées qui avaient besoin d'électricité pour alimenter leur équipement respiratoire se sont installées dans ses pièces spacieuses et bien aérées. Grâce aux panneaux solaires, la station de radio du centre communautaire a pu continuer à émettre : comme la tempête avait détruit les lignes électriques et les antennes-relais de téléphonie mobile, elle était devenue l'unique source d'information de la communauté.

Je suis arrivée à Porto Rico quelques mois après la mise en place de ces premiers secours. J'étais venue voir comment ce territoire des États-Unis se relevait de la catastrophe. J'ai d'abord visité la côte sud de l'île, qui abrite une grande partie de l'industrie portoricaine. C'est là que l'ouragan avait été le plus cruel avec la population. Les quartiers proches du niveau de la mer étaient totalement inondés. Les gens craignaient que la tempête n'ait provoqué la dispersion de produits toxiques en provenance des centrales électriques et des industries voisines. La région comptait deux des plus grandes centrales de l'île. Pour autant, ses habitants continuaient à vivre sans électricité.

Plus tard dans la journée, nous nous sommes rendus dans les montagnes jusqu'à la Casa Pueblo. Il n'y avait pas l'atmosphère de désolation qui pesait au sud de l'île. Les portes se sont ouvertes pour nous accueillir, et nous avons bu du café provenant de la plantation même du centre communautaire. Au-dessus de nos têtes, nous entendions la pluie tomber sur les précieux panneaux solaires. Nous avions l'impression d'avoir franchi le seuil d'un autre monde. Dans ce Porto Rico-là, tout fonctionnait et l'ambiance était à l'espoir.

Désormais, les panneaux solaires n'avaient plus l'air ridicule du tout. Au contraire, ils semblaient devenus le symbole d'une survie possible face à la multiplication prévisible

Les panneaux solaires sur le toit de la Casa Pueblo ont fait de cette maison rose un phare dans la nuit après le passage dévastateur de l'ouragan Maria.

des événements météorologiques extrêmes comme l'ouragan Maria, dont la violence, rappelons-le, a été amplifiée par le dérèglement climatique.

LA BATAILLE POUR LE PARADIS

L'île n'avait pas attendu la tempête pour avoir des problèmes. Porto Rico n'est pas à proprement parler un État américain. C'est une colonie américaine. Cela signifie que son peuple n'a pas les mêmes droits que les autres Américains. Par exemple, les Portoricains ne peuvent pas voter aux élections fédérales. Aux yeux du pouvoir américain, l'île n'est bien souvent considérée que comme une source d'enrichissement pour le continent.

En outre, en tant que colonie, Porto Rico n'a pas d'économie en propre. L'île importe 85 % de sa nourriture, alors même qu'elle dispose d'un des sols les plus fertiles du monde. Avant le passage de l'ouragan Maria, 98 % de son énergie provenait également de combustibles fossiles importés, en dépit de l'abondance en énergie renouvelable, propre et bon marché que pouvaient lui offrir le soleil, le vent et les vagues. Et beaucoup d'autres pans de l'économie portoricaine n'ont été conçus que pour servir des intérêts extérieurs. Tout cela explique pourquoi l'île doit aujourd'hui tant d'argent à des créanciers étrangers.

En juin 2016, un peu plus de un an avant la catastrophe, une loi américaine, prétendument destinée à faciliter la gestion de la dette et à accélérer les projets d'infrastructure et de développement de l'île, a eu pour effet de fragiliser davantage la population. La loi n'avait en réalité qu'un objectif : la réduction des dépenses publiques et le remboursement de la dette, quitte à attaquer le ciment même de la société, à savoir l'éducation, les soins médicaux, les systèmes de distribution d'électricité et d'eau, les réseaux de communication, entre autres biens communs.

La loi n'a donc évidemment été d'aucune aide pour les Portoricains. Elle a confié à un conseil d'administration (non élu) la responsabilité de superviser l'économie de l'île, lequel conseil s'est empressé d'approuver un plan d'austérité qui n'a fait qu'aggraver la détresse des habitants. Puis l'ouragan Maria est arrivé.

La tempête a été si violente qu'elle aurait ébranlé n'importe quelle société, même la plus solide. Celle de Porto Rico n'a pas eu le temps de chanceler, elle s'est littéralement effondrée.

Environ 3000 personnes ont perdu la vie. Un certain nombre d'habitants ont été emportés par les eaux ou tués par les vents violents, mais la plupart sont morts après le passage de l'ouragan. En cause, notamment, l'absence d'électricité, qui a duré des mois et a été fatale aux malades dont la vie dépendait d'équipements médicaux électriques ; le manque d'approvisionnement en ressources essentielles, qui a poussé certaines personnes à boire de l'eau contaminée ; la pénurie de médicaments des réseaux de santé. Toutes ces tragédies illustrent la défaillance des structures gouvernementales – tant sur l'île qu'à Washington – censées protéger les Portoricains. Jamais cela ne serait arrivé si elles avaient veillé à mettre en place des systèmes de secours suffisamment robustes pour venir en aide aux populations sinistrées.

Douze ans plus tôt, à La Nouvelle-Orléans, l'ouragan Katrina avait déjà mis en évidence de graves manquements dans la préparation aux situations d'urgence et dans la réponse humanitaire. À Porto Rico, ces problèmes ont perduré longtemps après la catastrophe.

En plus de détruire les infrastructures de l'île, l'ouragan Maria a endommagé ses circuits d'approvisionnement en nourriture et en carburant. Et comme cela avait été le cas à

La Nouvelle-Orléans, le gouvernement fédéral a lamentablement échoué dans sa gestion des opérations de secours. Un contrat de distribution de 30 millions de repas a été attribué à une société géorgienne qui avait accumulé les échecs et ne disposait que d'un salarié. Une compagnie énergétique du Montana, qui ne comptait que deux employés (et était liée au secrétaire américain à l'Intérieur), a décroché un contrat de 300 millions de dollars pour aider à reconstruire le réseau énergétique. Ces contrats ont fini par être annulés, mais à cause d'eux et de quelques autres défaillances, des denrées alimentaires et du matériel de réparation pour le réseau électrique – dont l'île avait désespérément besoin – sont restés bloqués dans des entrepôts durant des mois.

Une fois de plus, le gouvernement avait profité d'une catastrophe pour distribuer des contrats aux entreprises. Et c'est ainsi que la plupart des Portoricains ont continué à s'éclairer avec leur lampe de poche et à lutter contre la dépression et la misère longtemps après le passage de la tempête.

La puissance du cyclone qui s'est abattu sur Porto Rico a été accrue par le dérèglement climatique, tout comme l'ouragan Katrina à La Nouvelle-Orléans. Mais ce cyclone a aussi frappé une société délibérément affaiblie par des décisions gouvernementales plus empressées à garantir le remboursement de la dette que le bien-être de la population.

Les opérations de secours, par leur retard et leur mollesse, ont montré à quel point les gens au pouvoir accordaient peu de valeur à la vie de cette catégorie d'Américains, majoritairement pauvres, hispanophones, descendants d'esclaves et d'origine indigène. La même année, l'aide déployée en Floride et au Texas après des événements climatiques équivalents a été autrement plus rapide et importante.

Pourtant, même si l'épisode de l'ouragan Maria semble tristement s'inscrire dans le cycle, désormais familier, des négligences, des crises et du capitalisme du désastre, il demeure un souffle d'espoir et d'optimisme. Après le passage de la tempête, Porto Rico n'est pas seulement devenue une scène de catastrophe, elle est aussi devenue le terrain d'un affrontement d'idées, avec, d'un côté, les habituels capitalistes du désastre, qui traitaient Porto Rico comme ils avaient traité La Nouvelle-Orléans, et, de l'autre, les habitants de l'île qui luttaient pour survivre, mais s'attachaient à vivre différemment.

La Casa Pueblo, cette lumière dans les ténèbres de l'île, montre le chemin que pourraient suivre les Portoricains – et d'autres peuples dans le monde – pour s'assurer un meilleur avenir.

Se battre pour le rétablissement des cœurs et des esprits

Amira C. Odeh Quiñones est une jeune militante écologiste de Bayamón, une ville située sur la côte nord de Porto Rico. Passionnée d'environnement depuis son enfance, elle a vu mourir le récif de corail au milieu duquel elle plongeait en apnée lorsqu'elle n'avait que 6 ans. Quand elle en a eu 12, il avait déjà disparu.

Lorsque l'ouragan Maria a frappé Porto Rico, la jeune femme avait dans les 25 ans : "J'ai vu l'importance des dégâts et à quel point nous dépendions des importations. Il a suffi de quelques jours de paralysie des ports pour que nous manquions de nourriture, a-t-elle témoigné. Je ne reconnaissais plus les rues où j'avais passé toute mon enfance. C'était effrayant de voir, jour après jour, que rien ne s'améliorait."

Après le passage de l'ouragan Maria, souhaitant faire avancer la justice sociale et climatique, Amira Odeh Quiñones a travaillé pour 350.org, une association environnementale qui se décrit comme "un mouvement international de personnes ordinaires œuvrant à mettre un terme à l'ère des combustibles fossiles et à construire un monde où l'énergie renouvelable soutenue par les populations locales est accessible à tou.te.s.". (J'ai été membre de son conseil d'administration durant de nombreuses années.) Son engagement l'a également amenée à lancer une campagne qui est parvenue à mettre fin à la vente d'eau en bouteilles sur le campus de l'université de Porto Rico.

Au-delà de la question du changement climatique, Amira Odeh Quiñones veut qu'on rende justice aux habitants de Porto Rico, qui luttent désespérément pour se remettre de la catastrophe. Les dégâts causés par la tempête et leurs répercussions durables, souligne-t-elle, ont ruiné des vies : "Il y a encore des milliers de maisons détruites dans les villes et les villages, aussi bien sur la côte que dans les montagnes. Ce ne sont pas seulement les infrastructures qui ont été détruites et qui le sont restées, ce sont aussi les familles. [...] Le rétablissement des cœurs et des esprits n'a jamais eu lieu."

Selon Amira Odeh Quiñones, les décisions concernant l'avenir de Porto Rico doivent être prises avec tous les Portoricains : "Les habitants doivent participer aux discussions, car notre survie dépend entièrement des choix politiques qui seront effectués." Elle a raison.

Les solutions envisagées ont plus de chances d'être acceptées et de fonctionner quand les personnes supposées vivre avec contribuent à les penser, plutôt que de se les entendre dicter d'en haut ou de l'extérieur. Qu'il s'agisse de répondre aux conséquences d'un ouragan ou d'affronter le dérèglement climatique, il faut que les personnes les plus touchées soient entendues.

APPRENDRE DE LA CASA PUEBLO

Lorsque j'étais à la Casa Pueblo, j'ai vu la station de radio et le cinéma alimentés à l'énergie solaire rouvrir après la tempête. Il y avait aussi non loin un jardin à papillons et un magasin d'artisanat où l'on pouvait acheter le bon café communautaire. Sur les murs de la maison rose, des photos montraient des scènes de classes ouvertes en forêt, où l'organisation dispensait des cours destinés à éduquer la jeunesse au bien-être environnemental. D'autres photos avaient été prises à Washington, lors d'une manifestation organisée par le centre pour s'opposer à un projet de construction de gazoduc censé traverser les montagnes alentour.

L'actuel président du conseil d'administration de la Casa Pueblo, le biologiste Arturo Massol-Deyá, m'a dit que l'ouragan Maria avait changé sa vision des actions à mener. Durant des années, il avait milité pour que Porto Rico fasse un plus grand usage des énergies renouvelables, comme le solaire et l'éolien. L'île dépendant totalement de ses importations de combustibles fossiles et de quelques centrales électriques trop concentrées, il avait prévenu qu'une seule grosse tempête suffirait à mettre à mal tout le réseau électrique.

C'est ce qui s'est produit.

Après la tempête, tout le monde a compris les risques auxquels Massol-Deyá faisait allusion. L'effondrement de l'ancien système l'a aidé à plaider la cause non seulement des énergies renouvelables, mais aussi de leur décentralisation. Car les panneaux solaires et les éoliennes peuvent également être endommagés par les tempêtes. Il serait par conséquent risqué de concentrer les sources d'énergie dans d'immenses parcs solaires et éoliens supposés alimenter toute l'île à plus ou moins longue distance. Sans compter que les lignes électriques peuvent aussi être détruites par le vent. L'idée a alors fait son chemin qu'il était préférable de compter sur les petits systèmes électriques communautaires, à l'instar de celui de la Casa Pueblo, et de produire de l'électricité à l'endroit où elle était utilisée.

Pour sensibiliser les habitants de l'île aux avantages de l'énergie solaire, la Casa Pueblo a distribué, après le passage de l'ouragan, 14 000 petites lampes solaires cubiques, qui devaient être chargées le jour en restant à l'extérieur, et qui, la nuit venue, permettaient d'éclairer les foyers.

L'organisation a également distribué des réfrigérateurs solaires aux ménages qui n'avaient toujours pas été reconnectés au réseau électrique des mois après la tempête. Récemment, elle a aussi lancé une campagne pour que la moitié de l'énergie de Porto Rico provienne désormais du soleil.

Plusieurs Portoricains m'ont dit que l'ouragan Maria avait été comme un "professeur" pour eux. La tempête leur avait appris ce qu'il fallait changer, mais elle leur avait aussi appris ce qu'il fallait garder : les panneaux solaires, notamment, ainsi que les petites fermes biologiques qui utilisaient des techniques agricoles traditionnelles et résistaient mieux aux inondations et aux grands vents que les cultures industrielles modernes. En outre, contrairement aux aliments importés, les produits locaux permettaient de continuer à s'alimenter quand le réseau routier était à l'arrêt.

Du jour au lendemain, les Portoricains se sont rendu compte du péril qu'il y avait à ne pas être maîtres de leur filière agricole. Mais là où il existait encore des fermes traditionnelles, il sautait aux yeux que l'agriculture d'antan, respectueuse de l'environnement, n'était pas un vestige du passé, mais un outil essentiel pour survivre aux temps futurs.

La tempête a montré aux habitants de l'île l'importance des liens intracommunautaires, tout comme celle des relations avec les Portoricains vivant en dehors du territoire. Alors que le gouvernement continuait d'échouer dans sa mission, les sinistrés ont réussi à se porter mutuellement secours.

Après l'ouragan Maria, des dizaines d'organisations portoricaines se sont réunies sous la bannière Junte Gente ("le peuple uni") pour exiger le changement, à savoir le passage à un système économique juste et équitable, fondé sur la communauté, sur l'énergie propre, et sur de nouveaux systèmes d'éducation, de transport et d'alimentation au service de la population portoricaine.

Les catastrophes climatiques perturbent la vie ordinaire. Souvent, elles obligent à tout reconstruire à l'échelle locale ou nationale. Comme nous l'avons vu au chapitre 3, certaines personnes considèrent ces épisodes de destruction et de reconstruction comme des opportunités financières pour les plus riches. Mais ce n'est pas une fatalité. Ils peuvent être aussi l'occasion d'imposer des idées qui, hier encore, semblaient impossibles à concrétiser ; d'abandonner des usages dont la nocivité n'a que trop duré ; et de se donner les moyens d'affronter et de surmonter les futurs chocs climatiques et autres crises à venir, comme les pandémies.

GREENSBURG, VILLE VERTE

La ville américaine de Greensburg, au Kansas, a, elle aussi, été dévastée par une catastrophe naturelle. Pourtant, contrairement à Porto Rico, et en dépit de sa plus grande indépendance politique, elle a reçu toute l'aide financière nécessaire non seulement pour se reconstruire mais aussi pour se tourner vers l'avenir et se réinventer.

C'est arrivé le 4 mai 2007, à la nuit tombée. Ce soir-là, une tornade a failli rayer Greensburg de la carte. Ce n'était pas une tornade ordinaire. Elle avait la largeur et la puissance d'une super-tornade : ses vents ont atteint les 330 kilomètres-heure, et sa largeur au sol a été estimée à 2,7 kilomètres. La ville elle-même n'était pas aussi large.

Les habitants du Kansas ont l'habitude des tornades. Lorsque les sirènes ont retenti, ceux de Greensburg se sont mis à l'abri dans les sous-sols les plus proches ou dans les endroits les plus sûrs qu'ils ont trouvés. Les clients d'une station-service, par exemple, se sont réfugiés dans une chambre froide à l'arrière de la boutique.

La tornade a été précédée par la foudre et par une pluie d'énormes grêlons. Le nuage en forme d'entonnoir s'est alors formé et, après avoir touché le sol, s'est lentement déplacé à travers la ville : 95 % des bâtiments de Greensburg ont été détruits ou endommagés ; onze personnes ont perdu la vie ; soixante autres ont été blessées.

Au lendemain de la catastrophe, la moitié des quelque 1 500 habitants de Greensburg sont partis vivre ailleurs. Les autres se sont réunis en assemblée sous un grand chapiteau pour discuter de la reconstruction de leur ville.

Le maire de l'époque, Bob Dixson, a déclaré à la presse : "Lors de ces réunions, le premier sujet de discussion a été la question de notre identité – qui sommes-nous ? quelles sont nos valeurs ? [...] Parfois, nous étions en désaccord, mais nous restions toujours courtois les uns envers les autres." Comme beaucoup d'autres, Dixson venait d'une vieille famille d'agriculteurs : "N'oublions pas, a-t-il ajouté, que nos ancêtres ont été les gardiens de ce territoire. Les miens vivaient dans des maisons pionnières en matière d'écologie : des huttes de terre. [...] Ils nous ont appris que, dans la vie, la seule chose qui soit vraiment écologique et durable est le respect que nous avons les uns pour les autres."

Greensburg a donc décidé de se réinventer en devenant une ville respectueuse de l'environnement – une ville verte. Avec l'aide des subventions fédérales d'urgence, de quelques organisations à but non lucratif et d'une entreprise locale qui a construit une grande éolienne, la ville est devenue un modèle de société durable.

Ses bâtiments publics, reconstruits après la tornade, répondent désormais aux exigeantes normes de la certification écologique LEED (Leadership in Energy and Environmental Design), un standard nord-américain qui garantit la durabilité des bâtiments. Ce système évalue notamment la dimension écologique de l'aménagement des sites, l'efficacité de la gestion de l'eau, la qualité du rendement énergétique, ainsi que l'usage, la nature et l'origine des matériaux de construction. Désormais, à Greensburg, une demi-douzaine de nouveaux bâtiments – dont l'hôpital et l'école de la ville – ont obtenu la certification LEED la plus élevée (niveau platine).

Les jeunes de Greensburg ont participé activement à ce renouveau. Ils avaient plein d'idées pour leur école, et n'ont

Considéré comme "le plus grand puits au monde entièrement creusé à la main", le Big Well de Greensburg (Kansas) est profond de 33 mètres. S'il a résisté à la super-tornade qui, en 2007, a failli rayer la ville de la carte, le musée qui l'entourait a été complètement détruit. Celui qui le remplace aujourd'hui – avec ce nouvel escalier en spirale évoquant le tourbillon des tornades – raconte en détail l'histoire de la renaissance de Greensburg, devenue "ville verte".

pas hésité à les soumettre. L'un des architectes employés par la ville a déclaré : "Sans la forte mobilisation des jeunes, l'école serait un établissement régional ordinaire, situé à une quinzaine de kilomètres de la ville, sur un site acquis par la commission scolaire une semaine après la tempête. Mais la nouvelle génération a exprimé un réel besoin de changement, et l'école a été implantée au cœur de la ville, le long de la rue principale, donnant une nouvelle vitalité au système éducatif et à toute la communauté."

La ville dispose aujourd'hui d'une énergie propre et durable, fournie en grande partie par le vent. La force des éléments qui, hier, avait failli rayer Greensburg de la carte fait désormais tourner de grandes et de petites turbines qui alimentent les entreprises, les bâtiments publics et les exploitations agricoles.

Cette audacieuse réinvention profite également à la ville d'un point de vue économique : l'hôpital dépense 59 % d'énergie en moins qu'un hôpital standard de même taille ; et l'école effectue 72 % d'économies. En outre, la ville se remettra probablement beaucoup mieux en cas de nouvelle tornade, car les maisons et les immeubles d'habitation ont été construits selon des techniques – consistant notamment à intégrer des bottes de paille dans les murs – qui permettent de renforcer non seulement leur isolement thermique, mais aussi leur résistance aux vents violents.

Quoique la densité de population de Greensburg soit toujours inférieure à celle qui était la sienne avant la catastrophe, l'influence de cette ville miniature est devenue gigantesque. On en parle désormais dans les livres, dans la presse, dans deux séries documentaires et même à l'intérieur du Congrès. Régulièrement, des urbanistes américains et de jeunes passionnés d'environnement et de mode de vie durable s'y rendent pour en apprécier la transformation.

L'histoire de Greensburg est éloquente. Elle montre à quel point il peut être payant de partager la prise de décision au niveau communautaire. Elle est l'exemple même du courage que peuvent avoir les gens, après une terrible expérience, pour repartir de zéro en abordant la vie différemment et en se tournant vers l'avenir. Elle illustre aussi le potentiel d'une pensée ambitieuse. Si les habitants de Greensburg avaient reconstruit leurs maisons et leurs entreprises en veillant individuellement à installer des fenêtres et des appareils à faible consommation d'énergie, l'opération aurait certes été bénéfique, mais en pensant à plus grande échelle et en imaginant une forme de ville entièrement nouvelle, les habitants de Greensburg ont obtenu un soutien et un financement qui leur ont permis d'aller beaucoup plus loin dans la lutte contre le dérèglement climatique.

Et s'il était possible d'aider d'autres villes à se rapprocher du modèle de Greensburg, avant même la survenue d'une catastrophe ? Et s'il était possible de tirer les leçons de la Casa Pueblo à une échelle nationale, voire mondiale ?

Poursuivez la lecture – vous verrez : c'est possible !

8

Le New Deal vert

Les climatologues nous l'ont dit : si nous voulons lutter efficacement contre le réchauffement climatique, il nous faut pratiquement tout repenser en matière de sources d'énergie, d'utilisation des ressources naturelles et de mode de vie.

Mission impossible ? Certainement pas. N'avons-nous pas, par le passé, accompli de grandes choses lorsque le monde connaissait des crises d'une gravité comparable ?

LE PREMIER NEW DEAL

Les États-Unis se sont déjà mesurés à une situation extrême dans les années 1930. Sous le nom générique de New Deal ("nouvelle donne", en français), des dizaines de programmes ont été lancés par l'administration du président Franklin D. Roosevelt pour transformer la politique gouvernementale et l'économie nationale.

Le contexte ? Une catastrophe économique : la Grande Dépression. Tout a commencé en octobre 1929, aux États-Unis. L'afflux de capitaux des investisseurs sur le marché boursier avait fait grimper de façon vertigineuse la valeur des actions – ainsi nomme-t-on les parts de capital d'une entreprise ou d'un fonds financier. Qui dit investissements boursiers dit cycles de hausse et de baisse, et donc forte instabilité économique. En l'occurrence, tout le monde s'est mis à paniquer quand des rapports financiers ont annoncé que le cours des actions, nettement surévalué, allait dégringoler. Affolés, les investisseurs ont revendu leurs actions en masse en l'espace d'une semaine et provoqué la chute brutale des cours. Pour l'économie du pays, c'était un tsunami.

Un grand nombre de banques et d'entreprises ont fait faillite. Des millions de personnes ont perdu leur travail, et ceux qui ont eu la chance de conserver le leur ont vu leurs salaires s'effondrer. Les taxes qui renflouaient les caisses de l'État s'étant soudainement taries, les échanges internationaux ont fini par plonger, emportant les autres pays du monde dans le tourbillon de la dépression économique.

La misère, la souffrance et la faim ont frappé les États-Unis comme jamais auparavant. Des bidonvilles se sont mis à pousser un peu partout. Incapables de payer leur loyer et de trouver du travail, les gens se bricolaient des abris avec des bouts de bois, de vieux vêtements et du carton. On les voyait errer dans les métropoles, les villes et les campagnes, mendier quelques heures de travail et un peu de nourriture. Les Noirs ont été les premiers à perdre leur job, et le chômage les a frappés bien plus durement que les Blancs.

Aux premières heures de la crise, l'aide gouvernementale fut dérisoire. À cette époque, il n'existait aucun programme fédéral de protection sociale susceptible de venir au secours des chômeurs, des personnes âgées ou invalides.

Mais en arrivant au pouvoir en 1933, le président Roosevelt a promis d'engager un "New Deal". Pour venir à bout de la misère née de la Dépression, son administration a aussitôt lancé une salve de programmes et d'investissements publics. Un salaire minimum a été mis en place afin de garantir un revenu décent aux ouvriers ; et, pour assurer une source de revenus aux personnes âgées qui avaient quitté le monde du travail et aux personnes handicapées qui n'étaient pas en mesure de travailler, la loi a institué une sécurité sociale.

Comme l'imprudence et l'irresponsabilité des banques avaient été la principale cause de la Grande Dépression (elles s'étaient servies de l'argent de leurs clients pour acheter des actions à risques, ou pour prêter de l'argent à des entreprises dont le capital était en partie détenu par les banquiers eux-mêmes), un volant du New Deal s'est évertué à en réguler le marché. La loi d'urgence sur l'aide aux banques (Emergency Banking Act) du 9 mars 1933 leur a permis de rouvrir mais sous contrôle fédéral. L'économie n'aurait pas pu recouvrer la santé sans ce type de mesures. C'est dans une perspective analogue que les scientifiques en appellent aujourd'hui à une stricte régulation des émissions de gaz à effet de serre.

Grâce au New Deal, la plupart des zones rurales recevraient enfin l'électricité, et les villes finiraient par être dotées de parcs de logements sociaux. Dans le centre du pays, où la sécheresse avait transformé en désert de vastes étendues de terres arables, des aides agricoles sont venues soutenir les agriculteurs dans leur travail de protection des sols. Tous ces programmes ont aidé la population à sortir de la Grande Dépression en créant des emplois et en offrant aux gens des moyens de subsistance.

Le 31 mars de la même année, un programme spécifique a également été mis sur pied pour lutter contre le chômage : la création du Civilian Conservation Corp (CCC) – Corps civil pour la protection de l'environnement –, un organisme conçu pour fournir du travail aux jeunes, y compris aux grands adolescents. Les volontaires devaient signer un engagement d'au moins six mois, en contrepartie duquel ils étaient nourris, logés dans des camps, et rétribués mensuellement (ainsi pouvaient-ils aider leur famille dans le besoin). Par le biais de cet organisme, des milliers de jeunes ont appris à lire et à écrire, et acquis des compétences professionnelles.

Le CCC employait ses recrues sur des projets publics, le plus souvent en plein air et dans l'ouest du pays. L'environnement en a été l'autre grand bénéficiaire : quelque 2,3 milliards d'arbres ont été plantés au cours des neuf années d'activité de cette institution. Les jeunes ont également construit ou réparé des routes, des ponts, des digues, des barrages et autres structures civiles. Beaucoup de ces chantiers concernaient les grands parcs nationaux, sans compter les 800 nouveaux parcs que le CCC a permis de créer. Nombre de ces travaux sont encore visibles aujourd'hui.

Au plus fort de son activité, en 1935, le CCC a fait travailler 500 000 volontaires dans 2 900 camps. En tout, pas moins de 3 millions de jeunes Américains ont participé à ce programme, également ouvert aux Afro-Américains en dépit de la ségrégation ethnique qui y était pratiquée. En revanche, les femmes en étaient exclues, sauf dans un des camps où elles apprenaient à fabriquer des conserves et s'initiaient aux tâches ménagères.

D'autres programmes du New Deal ont laissé un héritage durable aux États-Unis. La Works Progress Administration

(WPA) – Administration chargée de l'avancement des travaux –, par exemple, a permis la construction d'un grand nombre d'infrastructures publiques, dont des écoles, des routes et des aéroports. Au total, entre 1933 et 1940, ce sont plus de trente nouvelles agences fédérales qui ont été créées et plus de 10 millions d'Américains qui ont été recrutés par l'État.

Reste que le New Deal a outrageusement favorisé les travailleurs blancs de sexe masculin – au mépris des femmes, des Noirs, des Hispaniques et des populations indigènes. Nonobstant ce défaut majeur, il a donné la preuve qu'une société peut radicalement se transformer en une dizaine d'années. Le New Deal a opéré une véritable transformation des valeurs. L'idée n'était plus de s'enrichir à tout prix mais de s'entraider et de reconstruire une économie et une société plus protectrices.

On observera une transformation semblable dans les décisions politiques et dans la largesse des dépenses fédérales. Pour répondre à l'urgence de la crise, le gouvernement a pris des mesures drastiques, et rapidement. Aujourd'hui, on prétend qu'il n'y a pas assez d'argent pour financer la lutte contre le dérèglement climatique, ou que l'économie ne pourra pas

Sur cette photo de 1933, les jeunes d'un des camps du Corps civil pour la protection de l'environnement (ici, en Sierra orientale, Californie) font leur toilette dans un espace dédié. Le CCC, avec d'autres programmes du New Deal, a sauvé l'Amérique de la Grande Dépression.

suivre : le New Deal est la preuve du contraire. D'autant que tout n'a pas été financé par les taxes fédérales. L'administration Roosevelt a créé des programmes d'assurance et de crédit destinés à inciter les banques et les particuliers à investir dans l'économie : c'est donc une agrégation d'argent public et d'argent privé qui, en finançant cette immense réforme, a permis à des millions de familles de sortir de la pauvreté.

Si nous décidons de tout changer, rien ne s'oppose à ce qu'un tel scénario se reproduise aujourd'hui – à l'exclusion des persistantes discriminations.

Les jeunes et le New Deal

"Je vis dans la terreur que la nouvelle génération ne soit sacrifiée, a déclaré Eleanor Roosevelt en 1934. Nous avons le devoir d'amener ces jeunes gens à la vie active et de les convaincre qu'ils sont nécessaires à notre pays."

L'épouse du président Roosevelt avait conscience que le New Deal ne faisait pas assez pour la jeunesse. Beaucoup de jeunes des deux sexes ne trouvaient pas de travail. D'autres n'avaient pas les moyens de poursuivre leurs études. Aussi Eleanor Roosevelt a-t-elle lancé, avec l'aide de spécialistes de l'éducation, un programme conçu exprès pour eux.

Cet effort a abouti, en 1935, à la création de la National Youth Administration (NYA) – Administration nationale de la jeunesse. L'institution accordait des bourses aux lycéens et aux étudiants en échange d'un travail à temps partiel. Ainsi les jeunes pouvaient-ils poursuivre leurs études sans s'endetter ni interrompre leur scolarité pour chercher du travail. Un jeune de l'Idaho, par exemple, pouvait donner des cours à la Young Men's Christian Association (YMCA) locale en échange d'une bourse de la NYA lui permettant de poursuivre son premier cycle universitaire.

Aux jeunes non scolarisés qui cherchaient en vain du travail, la NYA proposait des stages de formation en milieu professionnel, liés à des programmes d'emploi fédéraux. Par la suite, ces programmes se réorienteraient vers l'enseignement de compétences spécifiques, notamment en couture ou en mécanique automobile.

Après l'entrée en guerre des États-Unis, en décembre 1941, les jeunes des deux sexes ont été appelés à suivre des formations relevant de la défense nationale. De leur côté, les jeunes filles ont été initiées, pour l'hôpital, au maniement des appareils à rayons X ; pour l'aéronautique, à celui des machines-outils, telles que les perceuses ; ou encore à l'assemblage des postes de radio.

Si les promoteurs du premier New Deal ont créé la NYA, c'est parce qu'ils voyaient bien qu'il était impossible d'ignorer la jeunesse. Hier comme aujourd'hui, les jeunes refusaient d'être tenus pour quantité négligeable. Quels que soient les changements engagés pour résoudre les problèmes climatiques et vaincre l'injustice, votre génération sera en première ligne. De même que les jeunes du New Deal ont trouvé le moyen d'utiliser leurs compétences ou d'en acquérir de nouvelles, vous pourrez également changer la donne en mettant les vôtres, présentes et à venir, au service du combat climatique. (Ce sera l'objet du prochain et dernier chapitre.)

UN PLAN MARSHALL POUR LA PLANÈTE

Le New Deal n'a pas été le seul épisode de l'histoire moderne à voir les hommes répondre à d'énormes défis en engageant des actions rapides et d'envergure. Pendant la Seconde Guerre mondiale, les nations occidentales ont transformé leurs industries du jour au lendemain pour combattre l'Allemagne nazie. Des usines spécialisées dans les biens de production (comme les secteurs automobile ou électroménager) se sont reconverties à une vitesse stupéfiante dans la fabrication d'armes, de navires et d'avions. Quant aux gens, ils ont adapté leur mode de vie. Réservant le carburant aux usages militaires, ils ont quasiment cessé d'utiliser leur voiture. En Grande-Bretagne, pendant la guerre, plus personne ne prenait le volant, sauf nécessité absolue. Les Nord-Américains aussi ont moins conduit : entre 1938 et 1944, l'utilisation des transports en commun a augmenté de 95 % au Canada, et de 87 % aux États-Unis. Pour laisser à l'armée la pleine jouissance des récoltes, les citoyens utilisaient leur jardin ou des parcelles communautaires comme potager. En 1943, 20 millions de foyers américains entretenaient un "jardin de la victoire", soit 60 % de la population.

À la fin de la guerre, l'économie du sud et de l'ouest de l'Europe était totalement en ruine, à l'image de ses villes et de ses campagnes. Le secrétaire d'État américain George C. Marshall a alors convaincu le Congrès d'aider les nations européennes à se reconstruire – y compris l'Allemagne. Son argument ? Les États-Unis et le capitalisme avaient tout à y gagner à long terme, car les produits américains trouveraient en Europe un marché à conquérir et en expansion.

Le plan Marshall a été approuvé par le Congrès en avril 1948. Il coûterait plus de 12 milliards de dollars au pays, qui n'avait jamais consenti d'aide aussi importante de toute son histoire. Il y eut d'abord des envois massifs de nourriture, de carburant et de médicaments, puis des investissements dans la reconstruction des centrales électriques, des usines, des écoles et des chemins de fer.

Cette aide colossale a largement contribué à remettre l'Europe sur pied. Et comme l'avait prédit son instigateur, elle a également largement profité aux États-Unis, en leur permettant de forger des liens politiques et commerciaux privilégiés avec les pays européens. Sans le plan Marshall, ces derniers n'auraient jamais pu renouer aussi vite avec le commerce international.

Depuis quelque temps, des voix s'élèvent pour appeler à un "plan Marshall vert" en faveur de la planète. La diplomate bolivienne Angélica Navarro Llanos a été l'une des premières à en lancer l'idée.

Je l'ai rencontrée en 2009. Elle représentait la Bolivie dans les rencontres internationales, et venait de prononcer un discours lors de la conférence de l'ONU sur le climat. En voici un extrait :

> Dans les petites îles, dans les pays les moins développés, dans les régions enclavées et les communautés vulnérables du Brésil, d'Inde, de Chine et d'ailleurs, des millions de personnes subissent les effets d'une crise dont ils ne sont pas responsables. [...] Il nous faut un plan Marshall pour la planète [...] si nous voulons réussir à réduire nos émissions de gaz à effet de serre tout en améliorant la qualité de vie des populations.

Nous l'avons dit au chapitre 3 : un plan Marshall pour la planète permettrait aux vieilles nations industrialisées de payer leur dette climatique au reste du monde. Non seulement elles opéreraient une mutation salutaire de leur économie en passant de l'énergie fossile à l'énergie renouvelable, mais elles donneraient aussi aux pays en développement les moyens d'en faire autant. De grands pans de l'humanité pourraient ainsi sortir de la pauvreté en bénéficiant de services publics dont ils sont actuellement toujours privés, tels que l'électricité et l'eau.

Si nous voulons nous préparer correctement à affronter le changement climatique, nous devons d'abord cesser d'ouvrir de nouvelles mines de charbon, de construire de nouvelles plateformes pétrolières et de fracturer des roches pour y trouver de nouveaux gisements de combustibles fossiles. Ensuite, nous devons réduire notre usage des exploitations existantes et finir par les démanteler. Parallèlement, il nous faudra réduire les émissions de gaz à effet de serre induites par d'autres activités industrielles (comme l'agriculture), augmenter notre usage des énergies renouvelables et développer l'agriculture écologique. Car l'objectif est de ramener notre bilan carbone à zéro d'ici 2050.

Comme vous le savez, nous avons d'ores et déjà les outils et les technologies permettant d'y parvenir. Autre bonne nouvelle : cette transition énergétique créera des centaines de millions d'emplois vertueux à travers le monde. Voici un aperçu de ces métiers d'avenir :

– conception, fabrication et installation d'outils technologiques liés aux énergies renouvelables (panneaux solaires, éoliennes, etc.) ;

– construction et mise en œuvre de moyens de transports publics, comme les trains électriques à grande vitesse, pour remplacer efficacement la voiture et l'avion ;

– assainissement des terres et des eaux polluées, restauration des habitats et des zones sauvages dégradés, plantation d'arbres ;

– optimisation énergétique des maisons, des usines, des entreprises et des bâtiments publics ;

– éducation des jeunes, soutien pour la santé mentale, aide aux personnes malades ou âgées, développement des disciplines artistiques – autant de professions peu productrices de CO_2 et amenées à l'être encore moins moyennant quelques ajustements.

De tels programmes coûteraient-ils cher ? Oui, mais le New Deal et le plan Marshall ont prouvé que les gouvernements savent trouver de l'argent quand il le faut. Plus récemment, le gouvernement américain a dépensé des sommes phénoménales pour renflouer les institutions financières en faillite et maintenir l'économie à flot après la crise financière et la récession de 2008-2009, puis à nouveau lors de la pandémie mondiale de 2020. Il en est allé de même en Europe. Il y a toujours de l'argent quand le besoin est manifeste et que le peuple le réclame.

Or, quoi de plus manifeste que la nécessité d'une action en faveur du climat ? Et quoi de plus clair que l'appel des peuples à des mesures drastiques pour affronter l'urgence climatique ?

Ce qui cause notre perte, c'est notre dépendance aux combustibles fossiles, la puissance des industries énergétiques et agroalimentaires mondiales, et la pesanteur du *business as usual*. Ces forces destructrices ne nuisent pas seulement à notre planète, elles nuisent à notre qualité de vie.

Tout le monde est choqué de voir le fossé entre les ultrariches et le reste de l'humanité se creuser sans cesse davantage ; les droits des pauvres et des peuples indigènes être foulés aux pieds ; les ponts, les barrages, tous les ouvrages publics se désagréger (au risque, parfois, de s'effondrer). De la même façon, les effets du réchauffement climatique ne laissent personne indifférent. Peut-on compter sur le système économique actuel pour changer les choses ? C'est peu vraisemblable. Le développement de l'économie de marché a fait oublier qu'il incombe aux États d'imposer des régulations aux entreprises, qui sont d'abord guidées par le profit et non par l'intérêt général.

Pour engager la transformation en profondeur dont notre avenir dépend, nous avons besoin d'un plan de lutte contre le dérèglement climatique *et* d'une réforme du modèle économique responsable de la situation dans laquelle nous nous trouvons. Pourquoi nos sociétés et nos économies ne seraient-elles pas conçues pour protéger et régénérer les systèmes qui permettent la vie sur Terre, dont la nôtre ? Pourquoi ne seraient-elles pas respectueuses de nos vies, et attentives à nous soutenir tous autant que nous sommes ?

Une transformation aussi profonde ne se fera pas sans un effort considérable. Comme à l'époque du New Deal, puis de la Seconde Guerre mondiale et du plan Marshall, elle requerra de nouvelles lois et de nouvelles régulations. Pour la financer, les États devront modifier l'intégralité de leur politique budgétaire. Certains ont déjà imaginé la stratégie à mettre en œuvre. Et pour rappeler qu'elle n'était pas entièrement nouvelle, ils l'ont appelée : le New Deal vert.

LE NEW DEAL VERT ET AUTRES PISTES

Fin 2018, de jeunes militants de l'organisation américaine Sunrise Movement ont fait la une des journaux en organisant un *sit-in* dans les bureaux du futur président de la Chambre des représentants des États-Unis. Puisque les ténors du gouvernement refusaient d'aller se battre sur le terrain de

Appel à la construction d'un avenir vivable : la jeunesse d'aujourd'hui rejoint le mouvement en faveur d'un New Deal vert. Ici, le 6 décembre 2019, à San Francisco.

la crise climatique, les jeunes avaient décidé de l'introduire au Capitole.

Tous les membres de Sunrise Movement, y compris ceux qui n'étaient pas en âge de voter, se sont passionnés pour le débat politique. Ils ont sommé les candidats aux élections de refuser toute donation politique venant de l'industrie des énergies fossiles et ont accordé leur soutien aux partisans des énergies renouvelables. Surtout, ils ont enjoint aux leaders politiques de planifier un New Deal vert destiné à libérer le pays de sa dépendance aux combustibles fossiles, à créer des emplois préservant l'environnement et à garantir la justice sociale et climatique.

L'idée d'une version environnementale du New Deal est apparue au milieu des années 2000. Elle serait portée aux États-Unis, en Grande-Bretagne et aux Nations unies par des économistes, des écologistes et quelques hommes politiques. Mais ce n'est qu'à partir du moment où le Giec, à l'automne 2018, a présenté son rapport détaillant les actions à mener pour maintenir le réchauffement global au-dessous de 1,5 °C à l'horizon 2100 (voir chapitre 2) que l'idée est devenue un sujet politique à part entière.

Quelques mois plus tard, début 2019, la députée Alexandria Ocasio-Cortez et le sénateur Ed Markey ont présenté une proposition de plan au Congrès américain : la résolution dite du "New Deal vert".

Cette résolution demandait au Congrès de prendre deux engagements : d'une part, ramener le pays à zéro émission de carbone; d'autre part, utiliser exclusivement des sources d'énergies propres et renouvelables, et ce dans les plus brefs délais. Voici les principaux axes de ce plan :

– rénover les bâtiments existants et en construire de nouveaux, pour une performance énergétique et un usage de l'eau optimisés;

– soutenir les modes de production écologiques, tels que l'utilisation de matières premières et de techniques permettant de réduire la pollution et l'émission de gaz à effet de serre provenant de l'industrie;

– investir dans des réseaux électriques plus efficaces, et rendre l'électricité à la fois moins chère et plus propre;

– restructurer le système de transports du pays, notamment en investissant dans les transports publics, les trains à grande vitesse et les véhicules n'émettant pas de gaz à effet de serre.

La version du New Deal vert proposée par Alexandria Ocasio-Cortez et Ed Markey va au-delà de la simple décarbonation. Elle ambitionne d'améliorer la vie sociale par des transformations de grande envergure : tous les Américains devraient avoir des emplois suffisamment rétribués pour entretenir une famille ; une instruction permettant d'accéder aux études supérieures ; un système de santé efficace ; des logements salubres à un prix abordable ; une eau et un air de bonne qualité, une nourriture saine à un prix accessible, enfin un accès à la nature. Il s'agit là, insiste-t-on, non de privilèges mais de droits, qui ne sauraient être déniés à qui que ce soit faute d'argent.

En somme, ce New Deal vert entend tout bonnement inscrire dans la pratique les idéaux d'équité et de justice, au même titre que la lutte contre le changement climatique. Les emplois et la protection de l'environnement en tireront, eux aussi, d'énormes bénéfices. Ce sera alors la fin de cette logique d'injustice et d'inégalité – entre Noirs et Blancs, entre citoyens et immigrants, entre hommes et femmes, entre indigènes et non-autochtones – dans laquelle nos sociétés sont enfermées.

Cette résolution n'a malheureusement pas été votée par le Sénat. Toutefois, un certain nombre de sénateurs et de députés soutiennent l'idée d'un New Deal vert, même si certains d'entre eux en restent à une version strictement environnementale et climatique. Et la pression de l'opinion publique en faveur d'une lutte efficace pour le climat ne va pas retomber. Il ne s'écoulera guère de temps avant qu'une nouvelle proposition de New Deal vert ne soit soumise au Congrès.

Ailleurs dans le monde, les populations et certains partis politiques réclament des plans comparables. Au Canada, en Australie, dans les pays de l'Union européenne et au Royaume-Uni, entre autres nations, les citoyens et leurs dirigeants devront trancher : soit s'engager en faveur d'un New Deal vert ; soit continuer à envoyer du CO_2 dans l'atmosphère – *business as usual*.

Mais le New Deal vert, s'il était adopté, ne devrait en aucun cas nous faire oublier nos échecs passés. Il nous faudra veiller à ce que personne ne soit exclu ou laissé pour compte au motif qu'il manque de pouvoir politique ; nous rappeler qu'en matière de changement climatique les intérêts commerciaux ne coïncident jamais avec ceux des populations et ceux de la planète ; empêcher les entreprises et le milieu des affaires de s'arroger toutes les décisions – sans pour autant refuser de soutenir l'économie et d'écouter les entreprises désireuses d'apporter des solutions ; œuvrer pour un changement en profondeur fondé sur des décisions démocratiques, et permettre à toutes les voix de se faire entendre.

Ce qu'il nous faut, ce n'est pas un New Deal repeint en vert, un plan Marshall décoré de panneaux solaires : c'est beaucoup plus que ça !

Plutôt que des barrages et des centrales électriques fonctionnant aux combustibles fossiles, fruits de la vision centralisée du premier New Deal, nous devons favoriser une énergie éolienne et solaire décentralisée, provenant de multiples sources et, lorsque c'est possible, possédées par les communautés elles-mêmes.

Plutôt que des banlieues chics réservées aux riches et des découpages communautaires à l'intérieur des grandes villes, privilégions un habitat urbain "zéro carbone" au design soigné, prévoyant une vraie mixité ethnique, conçu avec le concours des communautés de couleur, et non formaté par les normes des promoteurs immobiliers et des investisseurs qui n'ont que le profit en tête.

Ce n'est plus aux agences militaires et fédérales de gérer la conservation de nos ressources naturelles et de nos terres publiques. Il nous faut impliquer les communautés indigènes, les petits fermiers, les éleveurs, et tous ceux qui pratiquent une pêche durable. Ils sont les mieux placés pour planter des arbres par millions, entretenir les zones humides, les sols, préserver les récifs coralliens.

En bref, nous avons besoin de solutions jamais tentées à grande échelle et, par-dessus tout, d'une société où le bien-être prime la croissance économique. Alors seulement en aurons-nous fini avec le dérèglement et l'injustice climatiques.

Autre chose : pourquoi les pays riches ne se décideraient-ils pas à payer leur dette climatique, comme nous l'avons évoqué au chapitre 3 ? Les nations les plus pauvres pourraient ainsi diminuer leurs émissions de CO_2 et développer les énergies propres ; la planète tout entière en profiterait.

Enfin, il serait peut-être temps de dire tout simplement "non" à la société de consommation : la planète n'a pas les ressources, notamment énergétiques, pour nous permettre d'acheter toujours plus. Il y a tant d'autres manières d'améliorer notre qualité de vie.

Bien des sociétés sont tombées dans le même piège que les États-Unis, se persuadant que la qualité de vie consistait à travailler toujours plus pour consommer toujours plus et devenir toujours plus riche. Si telle était la recette du bonheur, y aurait-il tant de stress, de dépressions et d'abus de substances toxiques ? Pourquoi l'économie ne se fixerait-elle pas pour objectif de permettre à chacun de travailler moins, pour réserver le plus de temps possible à l'amitié, aux loisirs, à la nature, aux pratiques artistiques ? La recherche l'a démontré : ces activités rendent les gens beaucoup plus heureux, et sont bien moins gourmandes en énergie, en ressources naturelles, que la fabrication frénétique d'objets manufacturés.

Mais c'est avant tout de la santé de la planète que dépendra notre qualité de vie. Lorsqu'ils se sont alignés en chantant dans le hall du Congrès, les jeunes membres de Sunrise Movement arboraient des tee-shirts où l'on pouvait lire : "NOUS AVONS DROIT À UN BON TRAVAIL ET À UN AVENIR VIVABLE." Sur les bannières qu'ils brandissaient étaient écrits ces mots : "IL RESTE 12 ANS. QUEL EST VOTRE PLAN ?" Ce qu'ils apportaient au Congrès, ce n'était pas seulement des critiques, mais un récit de ce que pourrait devenir le monde si l'on se décidait à tout changer, et un plan pour y parvenir.

Le mouvement pour le climat est le champion du "non" : non à la pollution, non aux forages, non aux extractions. Le New Deal vert va plus loin : il inscrit tous ces "non" dans le grand élan d'un "oui" franc et massif. Il ne se contente pas de proscrire, il montre comment remplacer.

Votre génération est porteuse de l'espoir que représente le New Deal vert et nous fait savoir que les politiques n'ont plus le droit de reculer. Elle a raison.

Buen vivir, bien vivre ensemble

Si nous renonçons à l'idée que la nature a pour vocation d'être conquise et pillée par les humains, par quoi la remplacer ? Y a-t-il une autre façon de concevoir le monde et la place que nous y occupons ?

La réponse est oui. En témoigne le *buen vivir,* expression espagnole signifiant littéralement "bien vivre". Des mouvements sociaux en Équateur et en Bolivie en ont fait leur mot d'ordre, en lui donnant le sens de "bien vivre ensemble". Le *buen vivir* est une conception de la vie enracinée dans les croyances des peuples indigènes de l'Amérique latine. Son fondement est l'harmonie, non seulement dans les relations humaines, mais aussi entre les hommes et l'environnement. Le *buen vivir* respecte les cultures, les valeurs partagées par la communauté, l'ensemble des êtres vivants. L'humain y est vu comme un partenaire de la terre et de ses ressources, non comme leur propriétaire ou leur maître.

On peut définir le *buen vivir* comme le droit à une vie bonne, dans laquelle chacun a assez – à l'opposé du "toujours plus" prôné par le consumérisme. En Amérique latine, c'est sur le *buen vivir* que se fonde le discours social, économique et environnemental des divers mouvements.

Étrangement, c'est de l'autre côté du Pacifique que cette conception du vivant a remporté sa plus belle victoire.

Le peuple indigène de Nouvelle-Zélande porte le nom de maori. En 2017, après plus d'un siècle de pétitions et d'actions en justice, les Maoris qui vivent le long du fleuve Whanganui ont obtenu pour ce fleuve le statut de “personnalité juridique”. En d’autres termes, le gouvernement néo-zélandais a reconnu officiellement que le Whanganui était une entité indispensable à la nourriture tant matérielle que spirituelle des Maoris. Ce fleuve s’est vu ainsi reconnaître les mêmes droits, sur le plan juridique, qu’une personne ou qu’une société. Un tel événement ouvre de nouvelles perspectives pour la défense de nos valeurs, la protection de l’environnement et notre rapport à la nature.

LA PUISSANCE DES MOUVEMENTS

Dans l'élaboration du New Deal vert, les militants pour la justice et le climat peuvent tirer des leçons profitables du premier New Deal et du plan Marshall. La première est que face à une crise, il est toujours possible d'inventer une solution nouvelle. Dans les années 1930, les États-Unis ont été confrontés à l'urgence d'une dépression économique et d'un chômage massif. Dans les deux décennies suivantes, c'est la guerre qui a provoqué la crise, en dévastant l'Europe et plusieurs pays d'Asie.

Chaque fois, le redressement a engagé l'ensemble de la société. Consommateurs, travailleurs, industriels, fonctionnaires à tous les niveaux de l'État, c'est tous ensemble, en unissant leurs forces, qu'ils sont parvenus à transformer les choses. Et toujours avec un but commun clairement défini : créer des emplois pour les chômeurs pendant la Grande Dépression; relever un continent brisé par la guerre.

Autre leçon : pour résoudre leurs problèmes, nos prédécesseurs ne se sont pas mis en quête d'une seule réponse, ni ne se sont contentés de colmater les brèches en surface. Tant pour le New Deal que pour le plan Marshall, la solution s'est déclinée en une multitude d'actions : pour créer des emplois, des projets publics ont été lancés ; pour planifier la reconstruction, le gouvernement et les industriels ont marché main dans la main ; les banques, quant à elles, ont été incitées à privilégier certains investissements ; et la population a changé ses habitudes de consommation.

Il est facile de se laisser décourager par l'ampleur de la tâche. D'autant qu'à la crise climatique s'ajoutent bien d'autres problèmes, et non des moindres, comme le racisme et la crise sanitaire. Quoi qu'il en soit, l'histoire nous montre qu'avec des objectifs ambitieux et des décisions politiques courageuses une société peut largement et rapidement se transformer pour le bien de tous – quels que soient les faux départs, les expériences avortées, les erreurs corrigées en cours de route.

Retenons donc de l'histoire qu'il n'est pas nécessaire d'avoir tout réglé dans les moindres détails pour commencer à avancer. Dès lors que le projet est de taille et particulièrement urgent (c'est le cas du New Deal vert, qui n'ambitionne rien de moins que de lutter contre le changement climatique et d'apporter la justice sociale), il faut se lancer dans la bataille, et sans attendre.

Dernière leçon de l'histoire, peut-être la plus importante de toutes : la plupart des changements qui ont conduit les sociétés vers plus de partage et d'équité n'auraient jamais eu lieu sans la pression incessante de larges groupes organisés, à l'instar du mouvement des droits civiques qui, aux États-Unis, dans les années 1960, a mis fin à la ségrégation raciale dans les écoles et dans la vie publique.

Ce sont les mouvements qui feront le New Deal vert. Tous les présidents, tous les gouvernements qui tenteront de le mettre en œuvre auront besoin de mouvements sociaux puissants pour avancer, exiger le changement, résister aux efforts acharnés des partisans du monde d'avant. Soutenir les hommes politiques qui veulent agir ne suffira pas : il faudra les pousser à agir toujours plus. Comme le disait la diplomate bolivienne Angélica Navarro Llanos en réclamant un plan Marshall pour la planète, la tâche qui nous attend est sans commune mesure avec tout ce que nous avons jamais accompli par le passé.

Nous devons exercer notre pouvoir politique en soutenant et en donnant nos voix aux représentant(e)s décidé(e)s à prendre la question climatique à bras-le-corps. Toutefois, n'oublions pas que des élections ne suffisent pas à résoudre les grands problèmes. Dans les années qui viennent, c'est la pression des mouvements sociaux et environnementaux qui déterminera notre avenir.

Les mouvements sont des groupes d'individus mus par deux forces : la première, c'est le but à atteindre ; la seconde, c'est la détermination à se faire entendre, quels que soient les efforts entrepris par le pouvoir pour museler ou mépriser. Un mouvement peut être de petite taille – par exemple, trois élèves cherchant à convaincre leur établissement de créer un jardin attirant les pollinisateurs pour nourrir les abeilles et les oiseaux – comme il peut être gigantesque, telles ces marches de protestation qui remplissent de clameurs les rues des grandes métropoles.

Il peut aussi commencer par une petite écolière suédoise, assise sur une marche une pancarte à la main, puis grossir et grossir jusqu'à devenir une vague immense qui déferle sur le monde.

9

Des outils pour les jeunes militants

Vous qui lisez ce livre, si vous êtes au collège ou au lycée, vous serez un adulte en 2030. Idéalement, il faudrait alors que nous ayons diminué de moitié nos émissions de dioxyde de carbone. Et vingt ans plus tard, en 2050, il faudrait qu'elles soient définitivement nulles.

Vous le savez maintenant : c'est en respectant ce calendrier que nous avons les meilleures chances de ne pas dépasser la barrière du 1,5 °C de réchauffement d'ici la fin du siècle.

Votre avenir dépend donc des décisions qui seront prises. Or, elles le seront avant que beaucoup d'entre vous n'aient atteint l'âge de voter. Dès aujourd'hui, vous avez le pouvoir d'agir afin que les politiques et les futurs candidats se souviennent que, bientôt, vous glisserez votre bulletin dans l'urne. Il n'est jamais trop tôt pour réclamer un avenir vivable.

Ce chapitre vous propose quelques outils pour vous aider à militer. Selon votre âge, certains d'entre eux seront plus ou moins utiles à votre combat.

Peut-être ne m'avez-vous pas attendue pour les découvrir et pour en manier quelques-uns. Si c'est le cas, bravo ! Le moindre geste compte, et vous pouvez en être fier. Si vous vous demandez encore comment passer à l'action, j'espère que l'un d'entre eux vous donnera le déclic. Avec votre audace, votre ouverture d'esprit, votre créativité, vous en ferez ce que vous voudrez. Peut-être même en inventerez-vous d'autres.

LE CHANGEMENT CLIMATIQUE S'INVITE À L'ÉCOLE

Si vous êtes un adolescent, vous avez déjà passé un bon bout de temps sur les bancs de l'école. Y enseigne-t-on le climat ? Combien d'heures par semaine ? En quelles classes ? Le sujet est-il au programme de vos cours de sciences de la vie et de la Terre ?

Une étude menée au Royaume-Uni en 2018 a montré que plus des deux tiers des élèves voudraient en apprendre davantage à l'école sur le changement climatique et sur l'environnement ; et qu'un même pourcentage d'enseignants aimeraient approfondir ces sujets dans leurs cours, quoiqu'ils soient nombreux à regretter leur manque de formation en la matière.

L'enseignement du changement climatique fait aujourd'hui partie du programme scolaire dans de nombreux pays. En 2019, en Italie, les responsables du ministère de l'Éducation ont annoncé que les élèves de tous les niveaux auraient bientôt des cours sur le développement durable et sur le changement climatique. De son côté, le Cambodge s'apprête à créer, pour le lycée, une nouvelle filière scientifique intégrant cet enseignement.

Aux États-Unis, dix-neuf États, ainsi que la ville de Washington, ont adopté les Next Generation Scientific Standards (NGSS). Instauré en 2013, ce programme définit précisément les connaissances scientifiques censées être acquises par les élèves de chaque niveau. Il y est stipulé que l'enseignement du changement climatique doit être intégré au cursus scientifique dans les États qui ont adopté le programme. Le lien entre les activités humaines et le réchauffement de la planète, ou encore la pollution comparée entre les énergies alternatives et les énergies fossiles font partie des sujets étudiés. Vingt et un autres États ont adopté une grille différente, mais le changement climatique figure également dans l'enseignement scientifique dispensé du primaire au secondaire.

En France, le site du ministère de l'Éducation nationale a annoncé en 2019 un "renforcement des enseignements relatifs au changement climatique, à la biodiversité et au développement durable dans les programmes de la scolarité obligatoire" : "Afin de permettre à tous les élèves d'appréhender de manière éclairée et au plus tôt les questions climatiques et environnementales et d'en saisir les enjeux, le ministre de l'Éducation nationale et de la Jeunesse a souhaité « [...] proposer des enseignements plus explicites, plus précis et plus complets sur ces questions». C'est en ce sens qu'il a saisi le Conseil supérieur des programmes (CSP) le 20 juin dernier [2019] en lui demandant d'identifier et de renforcer «les éléments ayant trait au changement climatique, au développement durable et à la biodiversité dans les programmes d'enseignement [...][1]."

1. https://www.education.gouv.fr/renforcement-des-enseignements-relatifs-au-changement-climatique-la-biodiversite-et-au-developpement-5489 *(N.d.T.)*

Si votre école ne prévoit aucun cours (ou trop peu) sur le changement climatique, renseignez-vous pour savoir qui est en charge des programmes et de leur respect. Une fois identifiés les responsables, vous pouvez leur adresser un courrier pour réclamer un enseignement plus poussé sur ces sujets, ou lancer une pétition à faire signer par vos camarades. Autre possibilité : vous rendre à une réunion de parents d'élèves pour y exprimer vos souhaits.

Dans tous les cas, prenez bien soin d'exposer clairement votre démarche. Vous devez être capable d'expliquer non seulement votre objectif, mais aussi vos arguments. Peut-être découvrirez-vous à cette occasion que d'autres élèves et parents d'élèves partagent vos idées.

Autre question à vous poser : dans votre école ou votre classe, fait-on parfois intervenir des invités ? Demandez à votre professeur ou à votre chef d'établissement de convier des conférenciers spécialistes des questions environnementales ou climatiques. Et pourquoi ne pas réclamer des sorties scolaires ? Si votre école y est favorable, effectuez des recherches pour trouver des idées de lieux : par exemple, un bâtiment fonctionnant à l'énergie solaire et qui propose des visites guidées ; une ferme équipée d'éoliennes ; ou une exposition temporaire sur le climat.

Le changement climatique peut être un bon sujet pour vos devoirs scolaires. Profitez d'un compte rendu sur un livre ou d'un projet en science pour évoquer les dangers du réchauffement, les solutions possibles. Un projet de groupe ? Cherchez qui, dans la classe, a envie d'explorer le sujet avec vous. La préparation vous donnera l'occasion de parler du climat avec vos parents, vos amis. Peut-être pourrez-vous en tirer des pistes de recherche ou des idées d'engagements futurs.

LES MILLE ET UNE MANIÈRES DE PROTESTER

Il y a tant de façons de faire entendre sa voix sur le changement climatique, ce livre vous l'a montré. On peut, par exemple, rejoindre une grande marche organisée (comme les marches pour la science, ou les grèves pour le climat). Ces manifestations réunissent divers mouvements, mais on peut y participer sans forcément appartenir à l'un d'eux ou à une organisation en particulier. Il suffit de vouloir aller au front pour exiger que les choses changent.

Dans les grandes métropoles, ces rassemblements peuvent être gigantesques. Le vendredi 20 septembre 2019, pour le Friday for Future, plusieurs millions d'écoliers et d'étudiants sont descendus dans les rues des métropoles de plus de 150 pays – de Paris à New York, en passant par Sydney ou Sao Paulo. Mais les petites villes et les campagnes y ont également participé, à leur façon. Dans une base en Antarctique, pour apporter leur soutien aux grévistes du monde entier, un groupe de neuf chercheurs ont posé devant un paysage de glace en brandissant des pancartes.

Dans les petites communes, une vingtaine de personnes défilant dans la rue principale suffisent à créer l'événement. Leur passion et leur engagement n'en sont que plus admirables, car il faut souvent plus de courage pour manifester en petit nombre qu'en masse. Après tout, la crise climatique concerne tout le monde, pas seulement les grandes foules qui font la une des journaux.

Si une grève pour le climat est programmée pendant un jour de classe, parlez-en à vos parents et à vos professeurs. Certaines écoles autorisent les élèves à s'absenter dans ces occasions. Il arrive même que des classes entières aillent défiler avec leurs enseignants. Pour peu que la manifestation fasse l'objet d'un travail scolaire, vous pouvez proposer un texte justifiant votre engagement pour le climat, un exposé sur la manifestation, ou encore un article pour le journal de l'école.

Mais la manifestation n'est pas la seule manière de protester : il y a aussi le boycott.

On peut boycotter les produits fabriqués par les entreprises connues pour être très polluantes, ou les banques qui les financent. Certains vont même jusqu'à boycotter des émissions de télévision qui, pendant leur programme, diffusent des pubs pour les compagnies d'énergies fossiles. Le boycott est particulièrement efficace quand il est annoncé sur les réseaux sociaux. Ce sont alors des milliers de personnes qui lancent un message à une entreprise ou à une chaîne de télévision : "Si vous voulez qu'on soit clients, changez vos méthodes !"

Quand on s'attaque au porte-monnaie, ça marche. Selon le Yale Program on Climate Change Communication (le "programme de l'université Yale sur la communication liée au changement climatique"), les boycotts des consommateurs ont beaucoup plus d'effet qu'on ne pourrait l'imaginer. Environ un quart des boycotts entrepris à l'échelle nationale ont modifié les pratiques des entreprises. C'est la pression publique contre la maltraitance animale qui a poussé la chaîne de parcs marins SeaWorld à mettre un terme à la reproduction des orques en captivité. C'est aussi le boycott, soutenu par une campagne sur les réseaux sociaux, qui a poussé les propriétaires de la chaîne de vêtements Zara à cesser de vendre des fourrures dans des milliers de magasins.

La même pression peut être exercée sur les banques, les compagnies d'assurances et les investisseurs privés qui financent la construction de pipelines et de plateformes pétrolières ou gazières, entre autres projets polluants. Avec des mots d'ordre tels que #StopTheMoneyPipeline ("stop au financement des pipelines"), les militants appellent les créanciers à "désinvestir", c'est-à-dire à retirer leur argent des projets nuisibles pour l'environnement ou le climat – on l'a vu avec Standing Rock. Les banques, et les investisseurs en général, n'aiment pas perdre leurs clients. Aussi les militants sont-ils écoutés quand ils menacent de fuir les organismes finançant des projets polluants.

Grâce à ces campagnes de "désinvestissement", les actions des compagnies d'énergies fossiles ont perdu de leur attrait aux yeux de nombreux investisseurs. Toutes les grandes institutions américaines – universités, églises, fondations, mairies – ont placé de l'argent dans des fonds d'investissement (dont le rôle est d'acheter des actions ou des obligations rentables). Longtemps, les plus grands d'entre eux ont privilégié les actions des compagnies d'énergies fossiles. Mais grâce à l'activisme des jeunes, coordonné de loin par le groupe 350.org, des fonds gérant un total d'environ 11 000 milliards de dollars se sont engagés à retirer leur argent desdites compagnies. Plusieurs d'entre eux ont également pris l'engagement de le réinvestir en partie dans des entreprises œuvrant contre le réchauffement climatique.

Vous n'êtes peut-être pas un gros investisseur avec des actions à "désinvestir", mais en tant que consommateur, vous pouvez faire entendre votre voix. Par exemple, en arrêtant d'acheter vos sandwichs et vos boissons dans les magasins qui n'ont pas remplacé leurs pailles et leurs sacs en plastique par du carton ou du papier recyclé. Ou en optant pour un régime végétarien, sachant que l'élevage contribue largement aux émissions de gaz à effet de serre. Ou encore en allant acheter vos livres à pied ou à vélo à la librairie du coin, en les empruntant à la bibliothèque, au lieu de les commander à une entreprise située loin de chez vous, qui gaspillera de l'énergie pour vous les acheminer.

Quand vous participez à une manifestation, emportez de l'eau dans une bouteille réutilisable. Tous ces petits gestes individuels pour protester contre le gâchis et le consumérisme ont de l'importance. Ils en auront encore plus si vous persuadez votre établissement scolaire ou universitaire d'adapter ses dépenses et d'améliorer le traitement de ses déchets. Comme ces jeunes militants qui ont réussi à "verdir" leurs écoles, vous pourriez tenter de convaincre votre directeur d'école d'installer des panneaux solaires sur le toit de son établissement ou un composteur pour les déchets alimentaires. Enfin, si vous n'avez pas la possibilité d'aller défiler dans une grande ville, agissez dans votre école, faites-en votre champ de bataille !

Quand les jeunes font la grève dans les pays du Sud

Alors qu'elle était encore lycéenne, Vanessa Nakate est devenue la première organisatrice des Fridays for Future en Ouganda. À l'origine de son militantisme contre le réchauffement climatique : son inquiétude pour son peuple.

"Je voulais accomplir quelque chose qui change la vie de ma communauté et de mon pays, expliquerait Vanessa Nakate à une journaliste américaine, fin 2019. L'Ouganda dépend largement de l'agriculture, par conséquent la plupart des Ougandais aussi. Si nos fermes sont détruites par les inondations ou par la sécheresse, si nos récoltes diminuent, le prix des aliments va augmenter. Seuls les privilégiés auront les moyens de se nourrir."

C'est en cherchant un moyen d'alerter l'opinion publique de son pays sur ce problème que Vanessa Nakate a entendu parler des Fridays for Future. Elle s'est donc lancée dans l'organisation d'une première grève pour le climat – dans quatre lieux différents de la capitale Kampala pour lui donner plus de visibilité. Elle s'est d'abord heurtée au scepticisme ambiant.

La jeune Vanessa Nakate, l'organisatrice des premiers Fridays for Future (ou grèves mondiales pour le climat) en Ouganda.

Première leçon de militant(e) : peu importe qu'on vous critique, qu'on se moque de vous, vous devez continuer à revendiquer haut et fort ce que vous pensez être juste : "Les gens trouvaient très bizarre de me voir défiler dans les rues. Les commentaires désagréables pleuvaient, on disait que je perdais mon temps, que le gouvernement se fichait pas mal de mes revendications. Mais j'ai continué."

En décembre 2019, elle est même allée manifester à Madrid, en Espagne, où elle a rejoint des militants venus du monde entier à l'occasion de la conférence des Nations unies sur le changement climatique COP 25.

Vanessa Nakate s'est dit très déçue par la couverture médiatique réservée à la question du changement climatique : "Les médias continuent d'en parler comme s'il s'agissait d'un problème à venir. Pour les pays du Sud, c'est aujourd'hui que ça se passe ! Il faut absolument que les journalistes nous aident à nous faire entendre. Sinon, nos responsables politiques ne comprendront pas le sens de nos efforts."

Aujourd'hui, les médias, et surtout les réseaux sociaux, sont essentiels aux mouvements. Ce qui implique deux règles d'or pour le militant. Premièrement, vous devez vous appuyer sur des sources irréfutables. Si vous vous contentez d'informations partielles, ou pire, fausses, cette négligence se retournera contre la cause que vous défendez. Deuxièmement, si, comme Vanessa Nakate, vous estimez que les médias n'en font pas assez, rien ne vous empêche d'écrire aux journaux, aux sites d'info en ligne et à tous les autres réseaux d'information pour réclamer une plus large couverture ; ou, mieux encore, d'envoyer une lettre ou une pétition avec le plus de signatures possible.

EXPLOREZ VOTRE ENVIRONNEMENT

C'est parfois sur un sentier de randonnée, lors d'une promenade dans un parc ou d'une baignade dans un lac que naît le déclic du militantisme. Pour s'impliquer en faveur de l'environnement, rien ne vaut le contact avec la nature. Le simple fait d'y passer du temps constitue une forme de militantisme. C'est une façon de dire que l'environnement naturel a de l'importance, et que vous en prenez soin.

Une toute petite graine peut produire quelque chose d'immense. En classe de CM1, le jeune Allemand Felix Finkbeiner devait préparer un exposé sur le changement climatique. Il a d'abord voulu choisir comme sujet la survie des ours blancs, son animal préféré. "J'ai alors pris conscience, a-t-il confié à une journaliste de *National Geographic*, que la vraie question n'était pas tant la survie des ours que celle des humains."

En menant ses recherches, il a découvert l'existence de la militante kényane Wangari Maathai, surnommée "la planteuse d'arbres" (voir chapitre 3). Et il a décidé de consacrer son exposé au rôle des arbres dans la sauvegarde de l'environnement et du climat. Sa présentation à la classe se terminait par cette exhortation : pour bien faire, les Allemands devraient planter un million d'arbres dans leur pays ! Deux mois plus tard, Felix plantait son premier arbre près de l'école, une petite pousse de pommier sauvage que sa mère lui avait achetée. À la journaliste il dirait, en riant, que s'il avait pu deviner le retentissement qu'aurait son geste il aurait supplié sa mère de lui offrir un arbre plus majestueux.

Car grâce aux journaux et aux réseaux sociaux, toute la planète a entendu parler de l'appel de cet écolier. Sa croisade a marqué les esprits, si bien que, quatre ans plus tard, les Nations unies l'ont invité à donner une conférence à New York. À cette époque, le millionième arbre avait déjà été planté en Allemagne.

Par la suite, Felix Finkbeiner a créé l'organisation à but non lucratif Plant-for-the-Planet, qui a pour objectif de planter 1 000 milliards d'arbres à travers la planète. Conçu pour les jeunes, cet organisme propose des ateliers d'une journée aux enfants du monde entier. Ils y apprennent non seulement à planter des arbres, mais aussi à monter leur propre campagne de reboisement. Car, comme le dit Finkbeiner, planter des arbres pour sauver le climat est un geste à la portée de tous les enfants. Ils n'ont pas besoin pour cela d'attendre que

L'Allemand Felix Finkbeiner, à la tête de son organisation Plant-for-the-Planet, a pour objectif de planter 1 000 milliards d'arbres à travers le monde.

les adultes se décident à passer à l'action.

Toutefois, il n'est pas nécessaire de parler aux Nations unies, ou de mettre sur pied une organisation environnementale, pour aider à reboiser la planète. Cherchez autour de vous les parcs où sont organisées des journées de plantation d'arbres, portez-vous volontaire si c'est possible. Peut-être des organismes comme Colibris (colibris-lemouvement.org), ReforestAction (reforestaction.com) et/ou Planteurs Volontaires (planteurs-volontaires.com) ont-ils une antenne près de chez vous ? Proposez à votre école, à votre club ou aux associations dont vous êtes membre de monter un projet de plantation.

Une certitude : qu'il s'agisse de planter un arbre dans votre jardin ou de reboiser une forêt, votre projet réussira à deux conditions. D'abord, les arbres doivent être adaptés au sol et au climat : il faut des espèces locales. Ainsi, non seulement les arbres prospéreront, mais ils offriront à la faune l'habitat et la nourriture dont elle a besoin.

Ensuite, les arbres doivent être plantés dans les règles de l'art, c'est-à-dire dans des trous creusés à la bonne profondeur et suffisamment espacés les uns des autres. Certains arbres ont besoin d'une clôture pour être protégés du grignotage des animaux. Renseignez-vous auprès des pépinières ou des organisations de planteurs volontaires.

Il y a encore d'autres façons de vous rapprocher de la nature. Le camping, l'observation des oiseaux… Ou encore le jardinage biologique : rien de tel pour apprendre à connaître les sols et le cycle de vie des plantes. Pour faire pousser des fleurs, des herbes aromatiques, de la salade, des légumes, vous n'avez que l'embarras du choix : le jardin de l'école, celui de vos parents, ou simplement quelques pots sur votre balcon.

Autre solution : intégrer une équipe de nettoyage d'espaces verts. Les communes et les associations environnementales organisent des "journées nettoyage", qui consistent à envoyer des groupes de bénévoles ramasser les déchets dans les parcs, sur les sentiers, sur les plages ou sur les bords des cours d'eau.

Enfin, toutes sortes d'organisations œuvrent à la protection de la planète et de la faune sauvage à travers le monde. Quelques-unes d'entre elles acceptent les jeunes, d'autres sponsorisent les randonnées découvertes ou accompagnent les actions bénévoles.

Effectuez des recherches, voyez si vous pouvez trouver un groupe qui vous plaise. Vous avez peut-être besoin de faire équipe avec des camarades pour vous lancer dans l'écologie ! C'est aussi une façon de rappeler que le changement climatique ne concerne pas seulement la planète, mais tous ceux avec qui nous la partageons.

L'argent ne se mange pas, le pétrole ne se boit pas

Autumn Peltier est une jeune Canadienne membre du peuple autochtone Wiikwemkoong. C'est une guerrière de l'eau. Quand on habite, comme elle, entourée d'eau sur une île du lac Huron, dans l'Ontario, rien de très étonnant…

À l'âge de 8 ans, tandis qu'elle visitait une autre communauté des Premières Nations, Autumn Peltier est tombée sur un panneau signalétique qui l'a profondément choquée. Il indiquait à la population que l'eau du secteur devait être bouillie avant d'être bue. Ce jour-là, elle est devenue militante. Il faut dire qu'elle avait un modèle tout trouvé en la personne de sa grand-tante Josephine Mandamin, qui avait consacré sa vie à la protection des eaux des Grands Lacs – ces cinq immenses étendues d'eau situées à la frontière entre le Canada et les États-Unis. Parmi ses hauts faits, Josephine Mandamin compte ces longues marches d'un total de plus de 17 000 kilomètres entreprises depuis 2003 autour des Grands Lacs afin d'alerter l'opinion publique sur la pollution des eaux (à l'époque, elle était déjà grand-mère).

L'arme privilégiée d'Autumn Peltier est la parole. En avril 2019, alors qu'elle n'a que 14 ans, son éloquence lui vaut d'être nommée commissaire en chef des eaux des Anichinabés – poste qu'occupait sa grand-tante, morte cette année-là. Cela faisait d'elle la principale porte-parole d'un groupe réunissant quarante des Premières Nations d'Ontario : "Je poursuivrai l'œuvre de ma grand-tante aussi longtemps que cela sera nécessaire", m'a-t-elle confié.

Portant la bonne parole devant le Premier ministre du Canada et devant les Nations unies, Autumn Peltier est incontestablement à la hauteur de son modèle : tout le monde a droit à une eau propre et saine et une eau polluée est incompatible avec la préservation de l'environnement, ne cesse-t-elle de marteler. Aussi a-t-elle réclamé l'arrêt de projets industriels et commerciaux menaçant l'approvisionnement en eau des populations. À l'âge de 15 ans, le 28 septembre 2019, elle prononce ces mots devant les Nations unies : "Je l'ai dit et je le répète, l'argent ne se mange pas, le pétrole ne se boit pas !"

On l'oublie trop souvent, même dans les nations les plus riches, certaines communautés n'ont pas accès à l'eau potable – et le plus souvent, ces communautés sont majoritairement noires ou indigènes. Ainsi, à Flint, dans l'État américain du Michigan, les habitants ont dû se battre pendant des années contre un système de gestion des eaux défectueux qui fournissait une eau polluée.

Le principe que défend Autumn Peltier se résume en quelques mots : l'accès à l'eau potable ne doit pas être réservé à quelques privilégiés. Tout le monde y a droit.

ENTREZ EN POLITIQUE

"Nous appellerons à voter contre vous !" Tels sont les mots que Komal Karishma Kumar, une jeune ressortissante des îles Fidji, a adressés aux leaders des pays membres de l'ONU, le 21 septembre 2019. Par cette menace, la jeune femme, accompagnée de militants pour la cause climatique, leur rappelait

Pour en finir avec le *business as usual* des responsables politiques, de jeunes militants pour le climat témoignent de leur volonté de changement. Chaque jour, ils sont de plus en plus nombreux à atteindre l'âge de voter.

que la jeunesse avait les yeux braqués sur eux. Quand ils seraient en âge de voter, les jeunes sauraient se souvenir des actions accomplies (ou non) pour le climat.

Être trop jeune pour voter n'interdit pas de se lancer en politique. C'est bien vous qui passerez le reste de votre vie dans le monde que façonnent aujourd'hui les politiques, par leurs actions ou par leur inertie. Il n'est jamais trop tôt pour leur dire que vous les avez à l'œil.

Si vous considérez l'engagement politique comme la meilleure façon d'imposer la justice sociale et de défendre le climat, commencez par identifier les personnes qui vous gouvernent, au niveau local et national. Quelles opinions professent-ils sur le réchauffement de la planète et le changement climatique ? sur les droits des pauvres et des peuples indigènes ? Leurs paroles sont-elles suivies d'actes ?

Assistez aux réunions municipales où les membres des conseils communaux dialoguent avec leurs administrés. S'ils ne tiennent pas ce genre de réunions, écrivez-leur. S'ils ont pris des mesures en faveur de la justice sociale ou du climat, adressez-leur vos remerciements. Sinon, dites ce qui vous tient à cœur, développez vos arguments.

De plus en plus d'hommes politiques commencent à se rendre compte qu'ils ne peuvent ignorer la jeunesse. Vous n'avez pas encore le droit de vote, d'accord, mais vous l'aurez. Et vous avez d'ores et déjà le pouvoir d'influencer les votes des membres de votre famille.

Vous êtes en âge de voter ? Alors, surtout, ne vous en privez pas. Allez-y, quelles que soient les élections. Enquêtez sur les candidats. Soutenez ceux qui vous représentent le mieux, ceux qui portent vos espoirs pour l'avenir. Militez pour eux pendant les campagnes.

Pour un militant, l'aboutissement est évidemment d'entrer en politique. Si la politique vous exalte, si elle vous fait vibrer, portez-vous candidat. Peut-être y a-t-il une élection dans votre établissement scolaire ou dans votre université. Profitez-en pour inclure dans votre campagne des sujets relatifs à la justice sociale et au climat. Vous pourrez ainsi non seulement informer ceux qui vous écoutent, mais aussi leur donner envie de s'engager à leur tour.

En dehors de l'école, il n'est pas rare, dans le monde, qu'on élise des jeunes à des charges publiques. En Nouvelle-Zélande,

Chlöe Swarbrick s'est présentée à un poste au sein du Parti vert, réputé pour ses prises de position fortes en faveur de l'environnement et du climat. Elle avait à peine 23 ans lorsqu'elle a été élue au Parlement.

En Australie, Jordon Steele-John en avait 22 quand il est devenu député. C'était la première fois qu'une personne souffrant de paralysie cérébrale légère entrait au Parlement. Il y représente le parti des Verts, qui milite pour le développement durable, la justice sociale et la démocratie participative. Il se bat pour que l'Australie abaisse à 16 ans l'âge légal du droit de vote, à l'instar de certains pays d'Europe et de l'Afrique du Sud.

Des centaines de milliers de jeunes ont clairement exprimé leur souci de l'avenir. Comme ils sont moins enclins que les adultes à céder à la pression du *business as usual* – car, à l'évidence, cela ne fonctionne pas –, le climat ne gagnerait-il pas à ce que tous les pays du monde abaissent l'âge du droit de vote à 16 ans ?

SERVEZ-VOUS DE LA LOI

Nous l'avons vu, les jeunes n'hésitent pas à manier la loi pour mettre la pression sur les gouvernements, les pollueurs et autres constructeurs de pipelines. Qu'elles bousculent les Nations unies, des États ou des entreprises en particulier, leurs actions en justice vont sans doute se multiplier étant donné l'urgence croissante de la crise climatique. J'en citerai par conséquent une autre, en cours dans les îles du Pacifique.

Solomon Yeo et sept autres étudiants en droit y ont fondé, en 2019, le Pacific Islands Students Fighting Climate Change (PISFC) : "Les étudiants des îles du Pacifique en guerre contre le changement climatique". Ce groupe fait aujourd'hui partie du Climate Action Network, un réseau qui réunit des mouvements environnementaux du monde entier. La mission du PISFC : lutter contre le changement climatique par voie juridique. En l'occurrence, les étudiants de la région ont exhorté les pays des îles du Pacifique à engager une action juridique auprès des Nations unies et de la Cour internationale de justice pour la sauvegarde du climat.

"Le changement climatique menace les droits humains fondamentaux au regard de la loi internationale", déclarent-ils. "En tant que Polynésiens, nous avons le devoir de tout mettre en œuvre pour réduire les émissions globales de gaz à effet de serre." En déposant des recours devant la Cour internationale de justice, Yeo espère "aider les États à prendre conscience de leurs devoirs envers les générations futures".

Les actions en justice sont en général chronophages et elles peuvent coûter cher – Yeo et ses jeunes camarades militants ne l'ignorent pas. Mais, tout comme l'entrée en politique et les manifestations, la loi est un outil auquel les militants peuvent avoir recours quand les circonstances l'exigent.

Il vous est tout à fait possible d'apporter votre soutien à une action en justice pour le climat. C'est ce qu'ont entrepris, souvenez-vous, les jeunes signataires de la pétition Zero Hour pour aider les plaignants de l'affaire Juliana (voir chapitre 6). Vous pourriez même vous associer à d'autres jeunes pour lancer votre propre action en justice. Si la loi n'est pas toujours l'outil le plus facile à manier, elle est en revanche l'un des plus puissants.

L'ART VERT

Lors du premier New Deal, certains artistes ont réalisé des œuvres qui ont marqué l'histoire. Il faut dire que l'État américain les a soutenus, comme il a soutenu les autres professions.

Grâce à la Works Progress Administration (WPA) et au Trésor américain (l'équivalent du ministère des Finances), des dizaines de milliers de peintres, d'écrivains, de musiciens, d'auteurs dramatiques, de sculpteurs, de réalisateurs, d'acteurs et d'artisans ont travaillé sur des projets fédéraux. Les artistes noirs et autochtones ont reçu à cette occasion plus d'aides qu'ils n'en avaient jamais eu par le passé. Avec pour résultat une explosion de créativité.

À lui seul, le Federal Art Project a produit quelque 475 000 œuvres d'art plastique, parmi lesquelles 2 000 affiches, 2 500 fresques et 100 000 peintures destinées à des espaces publics. Le Federal Music Project a financé 225 000 spectacles, auxquels ont assisté 150 millions d'Américains.

Dans la plupart des cas, ces œuvres n'avaient pour finalité que d'égayer et d'embellir la vie des victimes de la Grande Dépression. Toutefois, certains artistes ont fait de la misère le sujet central de leurs œuvres : ils souhaitaient en effet montrer pourquoi le New Deal était si essentiel et si vital pour le pays.

Dans notre combat pour la planète et l'humanité, l'art peut jouer un rôle comparable en nous apportant de la joie et en nous rappelant pourquoi nous nous battons.

On assiste aujourd'hui à un défilé incessant d'images cauchemardesques illustrant les méfaits du changement climatique et les catastrophes probables qui nous attendent. Ces images sont nécessaires pour nous mettre en garde. Mais nous avons aussi besoin d'espoir, de belles histoires et de chansons. L'art, en glorifiant nos rêves, doit nous aider à construire l'avenir.

C'est dans cet esprit qu'a été conçu le film d'animation *A Message from the Future* ("Un message du futur"). Peut-être l'avez-vous déjà vu en classe. Il a été projeté dans de nombreux pays, tant dans les écoles primaires et secondaires que dans les universités. On peut le visionner gratuitement en ligne. J'ai participé à sa réalisation, notamment avec l'artiste américaine Molly Crabapple, la députée Alexandria Ocasio-Cortez et le réalisateur et activiste climatique Avi Lewis (qui se trouve être mon mari).

L'histoire se déroule dans le futur. Alexandria Ocasio-Cortez nous raconte comment, aux États-Unis, première puissance économique mondiale, la certitude que l'humanité méritait d'être sauvée s'est imposée juste à temps dans l'opinion. Après un rappel historique de la crise climatique, elle nous décrit "son monde", le monde de demain, tel que l'a façonné le New Deal vert. Illustrant son propos de peintures magistralement animées, la députée nous explique ce qui s'est passé : nous avons changé de mode de vie ; notre société, toujours riche et moderne, est devenue digne, respectueuse et humaine ; en valorisant les droits universels, comme l'accès à la santé ou l'accès à des emplois vertueux, nous avons cessé de craindre l'avenir et de nous méfier les uns des autres ; désormais nous avançons ensemble dans la même direction.

Ce "message du futur" est une source d'inspiration pour les militants d'aujourd'hui : il nous invite à croire qu'un changement est possible, il nous aide à imaginer ce que sera le monde d'après, quand nous aurons remporté la victoire.

Certains artistes inventent de nouvelles manières d'exprimer leurs idées sur le climat et la justice. Par exemple, en Floride, l'Américain Xavier Cortada a peint des milliers de tableaux-pancartes figurant la surface ondulée de la mer sur laquelle semble flotter un chiffre. Il a offert ces œuvres aux habitants des maisons de Pinecrest (une localité en périphérie de Miami) afin qu'ils puissent les planter ostensiblement à l'avant de leur jardin. Le chiffre peint sur chaque panneau indique de combien de pieds le niveau de la mer devra s'élever pour que la propriété soit engloutie. Les enfants des environs ont alors pris la relève, fabriquant à leur tour des pancartes qu'ils ont disposées le long des rues et près des écoles. À la suite de cette initiative artistique, un groupe de propriétaires, mené par un océanographe, a décidé de monter une association de défense du climat à Pinecrest.

Les enfants aussi s'investissent dans l'art climatique. Souvenez-vous de cette petite fille de 12 ans qui avait composé une chanson pour les jeunes grévistes de Christchurch, en Nouvelle-Zélande (voir chapitre 3). À Portland, dans l'Oregon, le projet Honoring our Rivers ("En l'honneur de nos rivières") invite les écoliers et les étudiants à s'inspirer chaque année des cours d'eau de la région pour créer des œuvres d'art (croquis, dessins, peintures, photographies en noir et blanc), des poèmes ou des textes (de fiction comme de non-fiction). Chaque année, un livre rassemblant une sélection de ces œuvres est publié et proposé en librairie. Il n'est pas rare, non plus, que des bibliothèques et divers autres lieux publics exposent les œuvres de jeunes artistes inspirés par la thématique environnementale.

Et vous ? Peut-être aimez-vous dessiner, composer des chansons, raconter des histoires ? Peut-être vous essayez-vous à la réalisation de petits films, de vidéos, de bandes dessinées ? Tous ces moyens d'expression vous serviront à partager efficacement vos idées, vos craintes, vos espoirs, vos visions.

Quand on est créatif, on trouve toujours de nouvelles façons de s'exprimer. Les adeptes du tricot, par exemple, fabriquent des "écharpes pour le climat". Ils relèvent les records de température journaliers ou annuels de leur ville, de leur pays ou de la planète et attribuent une couleur à ces températures : du bleu nuit pour les plus froides au pourpre pour les plus chaudes, et entre les deux, des dégradés de vert, de jaune, d'orange et de rouge. Armés de leurs aiguilles, ils tricotent de longues écharpes qui reproduisent l'évolution des températures au fil du temps.

Autre idée : si votre talent vous porte plutôt vers le pinceau ou la machine à coudre, proposez à vos amis ou à vos camarades de classe de leur fabriquer des pancartes, des bannières ou des costumes pour les manifestations. Quel que soit votre moyen d'expression, allez-y ! L'art et la création se marient très bien avec la protestation et sont des armes redoutables pour communiquer un message, surtout s'il est difficile à entendre.

TROUVEZ UN MOUVEMENT – OU LANCEZ LE VÔTRE

Un militant, même isolé, peut parfaitement contribuer à changer le monde. Rachel Carson n'appartenait à aucun mouvement quand elle a écrit *Printemps silencieux* (1962). Composé dans la solitude, ce vibrant plaidoyer pour le vivant a été le catalyseur du mouvement écologiste des années 1970 et sa grande source d'inspiration (voir chapitre 5). C'est ensuite grâce à eux, souvenez-vous, qu'ont été promulguées les principales lois américaines pour la sauvegarde de l'environnement.

De plus en plus souvent, les organisations engagées dans la lutte pour la justice sociale, l'environnement et le climat unissent leurs forces pour mettre sur pied des séances de pédagogie, des opérations de protestation ou des manifestations. En solo ou en groupe, toutes les approches sont bonnes. La route est assez longue et assez large pour accueillir toutes les causes et toutes les formes de militantisme.

Si l'idée d'œuvrer en équipe pour une cause commune vous correspond davantage, si vous avez besoin de vous sentir soutenu et de soutenir les autres, trouvez un mouvement à rallier. Ou créez le vôtre, en espérant que d'autres militants se rallieront à vous.

Ce sont les mouvements qui changeront les choses. Soyez ces "frottements", ces "grains de sable" dont parlait Brad Werner, sans lesquels rien n'arrêtera la folle machine qui dévaste le monde.

CONCLUSION

Le troisième feu qui couve, c'est vous !

Vous vous trouvez aujourd'hui à un tournant de votre vie. Le changement climatique, vous l'avez compris, fait courir un risque majeur à l'humanité, mais ce péril n'est pas une fatalité et, pourvu que nous saisissions les formidables occasions qui s'offrent à nous, il est encore possible de se projeter avec confiance vers l'avenir. D'innombrables vies humaines, animales et végétales en dépendent. La Terre que nous connaissons et ses merveilleux paysages aussi.

Selon les propres mots des jeunes militants de l'organisation Sunrise Movement, l'heure est autant au danger qu'à l'espérance. Le *danger,* c'est le dérèglement climatique qui est en marche. Certaines populations et certaines régions du monde souffriront plus que d'autres, ou avant les autres, mais tant que nous ne limiterons pas le réchauffement climatique nous sommes tous en danger. L'*espérance* réside dans le fait que nous avons les moyens de limiter la hausse globale des températures. Il nous faut juste avoir l'audace d'entreprendre les grands changements qui s'imposent. En nous y attelant, nous nous offrons la possibilité de nous attaquer, par la même occasion, à de nombreuses autres crises auxquelles nos sociétés sont confrontées : je pense évidemment à toutes les injustices sociales, mais en particulier à la grande pauvreté et au racisme endémique et structurel. Le New Deal vert nous propose de régler tout cela en même temps.

Il est temps de repenser notre façon de vivre, de manger, de voyager, de commercer et de gagner notre vie. Ensemble, nous pouvons agir bien au-delà de ce que réclame la lutte contre la hausse des températures. Les changements que nous effectuerons pour sauver la planète doivent également servir à protéger les populations les plus vulnérables (souvent oubliées) et à les rendre plus fortes. Nous devons créer un monde plus sûr et plus juste pour tous.

Le changement climatique aggrave tous les maux de nos sociétés. Il accélère ou renforce les effets des guerres, du racisme, des inégalités, de la violence domestique, de l'absence de services de santé et autres violences propres à l'humanité. Et si, au contraire, il réveillait et boostait les forces qui œuvrent pour la paix, l'équité économique et la justice sociale ?

La menace qui pèse sur notre avenir est assortie d'une échéance. Comme l'indiquent les données scientifiques, passé ce cap, il sera trop tard. Profitons par conséquent de cette pression extrême pour unir nos forces, celles de tous ces mouvements à travers le monde qui accordent de la valeur aux hommes, à la vie en général et à tout ce qui relie les espèces entre elles.

Le monde de demain dépend de ce que nous allons entreprendre *maintenant* pour améliorer les choses. À nous

En unifiant vos forces, comme lors de cette manifestation du 31 janvier 2019, en Belgique, vous pouvez – vous, les jeunes, avides de justice sociale et environnementale – changer le monde !

d'agir pour que notre énergie devienne renouvelable – grâce au soleil et au vent – et nos transports plus écologiques, et pour redonner à la planète des arbres, des zones humides et des prairies. En protégeant leurs habitats et en limitant leur chasse, nous augmenterons les chances de survie des autres espèces, dont l'équilibre de la planète a tant besoin. Faisons en sorte de réduire nos déchets en limitant au minimum l'usage du plastique, surtout s'il est jetable. Notre air et notre eau ne s'en porteront que mieux.

Participons plus activement aux décisions politiques et à l'aménagement du territoire, en veillant à faire entendre nos voix dans leur diversité. Reconnaissons le droit à la terre des peuples indigènes et profitons de leur savoir ancestral pour apprendre à mieux vivre. Mettons de l'équité dans le partage des richesses et des ressources. Refusons définitivement qu'une personne ou un lieu puissent être considérés comme "sacrifiables".

Notre maison est en feu. Il est trop tard pour sauver tous nos biens, mais nous pouvons encore nous sauver mutuellement et sauver de nombreuses autres espèces. Éteignons l'incendie et construisons quelque chose de différent à la place. Quelque chose d'un peu moins clinquant et confortable, mais en mesure d'accueillir tous ceux qui ont besoin d'un abri et de recevoir des soins.

Je vois trois feux qui couvent. Le premier est le changement climatique qui consume la planète. Le deuxième est la colère, la peur et l'intolérance qu'inspire la migration climatique, comme l'a tragiquement illustré la fusillade en Nouvelle-Zélande. Ces sentiments durcissent les politiques d'accueil partout à travers le monde, et refroidissent le cœur des gens. Ils ferment les frontières et ouvrent la voie aux gouvernements autoritaires.

Mais le troisième feu, c'est celui qui brûle dans les entrailles des jeunes générations militantes. Vos voix nous donnent de l'énergie. Vos envies nous guident. À nous, maintenant, d'alimenter ce feu et de l'aider à grandir.

Plus il fera d'étincelles, plus il éclairera la route.

Je vous invite à ajouter votre étincelle.

Êtes-vous prêt à tout changer ?

POSTFACE

Ce que la pandémie du coronavirus nous enseigne

L'écriture de ce livre s'est achevée au printemps 2020, précisément au moment de la propagation mondiale du nouveau coronavirus. La maladie qu'il transmet, connue sous le nom de Covid-19, s'est propagée à une vitesse phénoménale à travers la planète jusqu'à devenir pandémique.

Au début du mois de janvier 2021, alors que la traduction de ce texte touchait à sa fin, le virus avait déjà infecté des dizaines de millions de personnes, emporté plus de 2 millions de vies à travers le monde et brisé d'innombrables familles. Il avait également détruit des emplois et des entreprises, causé d'importantes ruptures d'approvisionnement en nourriture et en fournitures médicales, et failli paralyser l'économie de nombreux pays. À la différence des ouragans, des inondations et des tornades dont nous avons parlé tout au long du livre, cette catastrophe n'est pas localisée. Son échelle est planétaire.

En 2020, la pandémie de coronavirus a mis le monde à l'arrêt. Le panneau du World Theater, théâtre de Kearney (Nebraska, États-Unis), en est le parfait et ironique reflet.

Pensons maintenant à l'avenir et réfléchissons à ce que la pandémie nous apprend, comme nous l'avons fait avec les événements climatiques.

Cette crise sanitaire a fortement perturbé notre mode de vie, tant professionnel que personnel. Il est légitime que les survivants d'une catastrophe aspirent à un retour à la normale, mais en réalité, après un tel choc, un retour en arrière est impossible. Beaucoup de choses vont changer, mais vont-elles aller dans le bon sens ?

Le 3 avril 2020, peu de temps après le début de la pandémie, dans un article publié par le *Financial Times*, l'écrivaine indienne Arundhati Roy, connue également pour son militantisme écologiste et altermondialiste, a invité ses lecteurs à considérer la pandémie comme un "portail", une porte ouverte sur l'avenir :

> Tout au long de l'histoire, les grandes pandémies ont obligé les hommes à rompre avec le passé et à construire un monde nouveau. Nous nous trouvons précisément dans cette situation. Cette pandémie est un portail, une passerelle entre le monde d'hier et le monde de demain. Nous pouvons décider de passer cette porte en traînant derrière nous notre vieille carcasse de civilisation, nos haines et nos préjugés, notre avarice, nos banques de données et nos idées moribondes, nos rivières à l'agonie et notre air pollué. Ou bien nous pouvons choisir de voyager léger, sans ces encombrants bagages, prêts à imaginer un autre monde. Et prêts à nous battre pour lui.

En d'autres termes, soit nous nous empressons de revenir en arrière après la crise, en sachant que de nombreuses personnes le paieront de leur vie, soit nous saisissons la chance qui nous est donnée de nous fabriquer un avenir qui n'exclurait personne. Pour réussir ce changement de cap, nous devons nous souvenir de ce que nous avons appris pendant la pandémie, sans oublier ce que la crise climatique nous a déjà enseigné.

Dans un grand nombre de pays, la pandémie a révélé l'impréparation et l'incompétence des gouvernants et des organismes publics. Tandis que leur rôle est de guider et d'aider les populations, ils se sont montrés incapables d'élaborer et de communiquer un plan clair pour affronter la crise. Durant des années, au nom du libéralisme et de son corollaire,

Comme toujours lors des catastrophes, les gens ont trouvé des solutions pour s'entraider et permettre à leurs communautés de surmonter au mieux la pandémie de Covid-19. Sur la pancarte de ce petit chariot, mis à la disposition des habitants de Chester, au Royaume-Uni, on peut lire : "Bienvenue dans le GARDE-MANGER ! Servez-vous – prenez ce dont vous avez besoin + essuyez-le dans vos mains avec une lingette antiseptique."

l'"État faible", la sphère publique s'est vue privée de fonds. Certains de ses serviteurs les plus compétents et les plus expérimentés ont alors quitté leurs fonctions ou en ont été démis. Résultat : quand des millions de personnes ont eu besoin d'un "État fort", elles se sont retrouvées livrées à elles-mêmes ou ont dû s'en remettre à des autorités locales bien en peine de leur venir en aide.

Aux États-Unis, où l'incidence de la maladie est très élevée, le coronavirus a montré les limites d'un système de santé conçu pour réaliser des profits plutôt que pour satisfaire un droit universel aux soins. D'un côté, les personnes dépourvues d'assurance maladie refusaient d'être prises en charge par peur de la facture ; de l'autre, celles qui acceptaient de l'être tombaient sur un système médical incapable de les soigner correctement. Les cadres hospitaliers et les dirigeants de l'industrie de la santé s'étaient en effet évertués depuis longtemps à minimiser leurs dépenses et à maximiser leurs profits et ceux de leurs investisseurs. Leur obsession : réduire le plus possible les effectifs et le nombre des lits vacants. La même logique a prévalu lorsqu'il s'était agi de refuser tout stock de produits de première nécessité susceptibles de servir en cas d'urgence sanitaire.

Mais la crise du coronavirus n'est pas seulement une question de santé publique. Elle met également en évidence de nombreuses réalités environnementales explorées dans ce livre. En avril 2020, un groupe de scientifiques de différentes nationalités, spécialistes de la faune et de la flore sauvages et des écosystèmes, ont écrit un article percutant sur le lien entre ce type de catastrophe et notre usage inconsidéré de la nature : "Les pandémies récentes sont une conséquence directe de l'activité humaine, et en particulier des systèmes économiques et financiers internationaux qui mettent la croissance économique au premier rang des priorités[1]."

Plus des deux tiers des maladies infectieuses émergentes passent de l'animal à l'homme. Le coronavirus responsable de la pandémie actuelle, le "SARS-CoV-2", est soupçonné d'avoir pour origine un coronavirus hébergé par la chauve-souris, sans pour autant qu'il représente de danger pour elle. Or, les activités humaines telles que l'abattage des

1. Publié (en anglais) sur le site de l'IPBES : https://ipbes.net/covid19stimulus (*N.d.T.*)

forêts, l'exploitation minière, la construction de routes et de fermes dans des zones autrefois sauvages mettent l'homme de plus en plus en contact avec des espèces animales qui, hier encore, vivaient loin de nous. Il en va de même de l'exploitation commerciale d'un certain nombre de ces animaux, tant pour leur viande que pour leur compagnie. Lorsqu'un animal transmet une maladie à l'homme, la surpopulation urbaine et le trafic aérien ne tardent pas à la propager localement et à travers le monde. Selon les scientifiques, la reconstruction économique post-pandémie doit inclure, au niveau mondial, des mesures beaucoup plus strictes de protection environnementale.

Lorsque nos dirigeants ont ordonné la fermeture des entreprises et incité à privilégier le télétravail pour ralentir la propagation du virus, les trafics autoroutier et aérien ont considérablement diminué. C'est une bonne chose pour le climat, diront certains : un air plus pur et une réduction des émissions de gaz à effet de serre. Pourtant, aussi positifs soient-ils, ces changements ne sont pas censés durer. Ils ont été imposés à des populations qui sont globalement désireuses de revenir à une "vie normale". Pour purifier l'atmosphère et réduire les émissions de gaz à effet de serre de manière permanente, nos systèmes d'énergie et de transport ont besoin d'être repensés en profondeur et sur le long terme.

Enfin, la pandémie a cruellement souligné l'injustice environnementale. L'incidence des cas graves et celle des décès s'est révélée beaucoup plus élevée dans les régions à forte pollution. Un environnement dégradé rend évidemment les populations qui y vivent plus vulnérables au virus. Or il se trouve que les personnes qui vivent dans les endroits les plus pollués sont souvent les pauvres et les gens de couleur (ou ségrégués pour leur appartenance ethnique ou religieuse). Et c'est ainsi qu'à l'injustice environnementale s'est ajoutée l'injustice médicale.

Lors de la crise des années 1930, les États-Unis ont eu la volonté (et se sont donné les moyens) de transformer la société et d'aider de nombreux Américains à se remettre debout. En temps de crise, tout devient possible. Encore faut-il aller dans la bonne direction. S'agit-il d'être raisonnable et juste, de protéger le plus grand nombre ? ou de donner aux prédateurs les moyens de s'enrichir toujours plus ? Le pouvoir va-t-il dépenser des milliards de dollars au profit de secteurs déjà fortunés, comme celui des énergies fossiles, du tourisme maritime ou aérien ? Ou cet argent sera-t-il destiné à financer un accès universel à la santé et un New Deal vert susceptible de créer des emplois *et* de lutter contre le dérèglement climatique ?

La grande leçon que je tire de cette pandémie est que tout le monde, du citoyen au dirigeant politique, a dû accepter de faire, dans différents domaines, des compromis et des efforts difficiles mais nécessaires, que personne n'aurait imaginés possibles avant la crise. Et beaucoup de gens ont relevé le défi avec générosité et créativité, les uns en fabriquant des masques et des équipements pour les travailleurs de la santé, les autres en venant en aide à leurs voisins âgés ou à toutes autres personnes dans le besoin. Quant aux responsables politiques, ils ont trouvé des fonds pour soutenir l'économie de leur pays.

Cette catastrophe sanitaire nous a mis durement à l'épreuve, mais elle a permis de mettre une nouvelle fois en lumière le fait que nos sociétés sont capables de se transformer radicalement et à une vitesse extraordinaire. En fait, rien n'est immuable et *tout peut changer.* Nous devons aujourd'hui utiliser cette créativité et cette énergie, et toutes les ressources qui nous ont servi à affronter la pandémie, non seulement pour la vaincre mais aussi pour lutter contre le dérèglement climatique et les inégalités. Nous battre, tous ensemble, pour que le monde de demain soit plus juste et plus équitable.

LETTRE OUVERTE, AVRIL 2019

Appuyons-nous sur la nature pour lutter contre la crise climatique

Le monde connaît aujourd'hui deux crises existentielles majeures, chaque jour plus graves et plus terrifiantes : la crise climatique et la crise environnementale. Aucune des deux n'est traitée avec l'urgence que réclament nos "systèmes de soutien de la vie sur Terre" (climat, terres, biodiversité, eau douce et océans), désormais menacés d'effondrement. Nous entendons, par cette lettre, promouvoir un ensemble de mesures destinées à prévenir le chaos climatique tout en défendant le monde du vivant : les "solutions climatiques naturelles" – une démarche trop rare, mais ô combien exaltante, consistant à extraire le dioxyde de carbone de l'atmosphère par le seul fait de protéger, de restaurer et de rétablir les écosystèmes.

Cette action en faveur des forêts, des tourbières, des mangroves, des marais salants, des fonds marins et d'autres écosystèmes essentiels permettrait de retirer de l'atmosphère et de stocker de grandes quantités de dioxyde de carbone. Cela contribuerait, dans le même temps, à atténuer la sixième grande extinction en cours et aiderait les populations locales à mieux résister aux catastrophes climatiques. La défense du vivant et celle du climat vont souvent de pair. Ce potentiel, jusqu'à présent, a été trop négligé.

Nous appelons les gouvernements à soutenir d'urgence les solutions naturelles au dérèglement climatique par la mise en place d'un programme de recherche, de financement et d'engagement des nations. Il est en outre impératif que ce travail se nourrisse des conseils des populations autochtones et autres communautés locales, et qu'il obtienne leur consentement libre et éclairé.

Cette stratégie ne doit pas se substituer à la "décarbonation" rapide et intégrale des économies industrielles. Un plan engagé et correctement financé visant à combattre toutes les causes du chaos climatique, y compris par des "solutions naturelles", pourrait nous permettre de maintenir le réchauffement moyen de la planète en dessous de 1,5 °C. Nous demandons, la situation l'impose, le déploiement d'urgence de ces solutions.

Greta Thunberg *Activiste*
Margaret Atwood *Auteure*
Michael Mann *Professeur émérite de science atmosphérique*
Naomi Klein *Auteure et militante*
Mohamed Nasheed *Ancien président des Maldives*
Rowan Williams *Ancien archevêque de Cantorbéry*
Dia Mirza *Actrice et ambassadrice de bonne volonté d'ONU Environnement*

Brian Eno *Musicien et artiste*
Philip Pullman *Auteur*
Bill McKibben *Auteur et militant*
Simon Lewis *Professeur en science du changement mondial*
Hugh Fearnley-Whittingstall *Présentateur de télévision et auteur*
Charlotte Wheeler *Chercheuse en restauration des paysages forestiers*
David Suzuki *Scientifique et auteur*
Anohni *Musicienne et artiste*
Asha de Vos *Biologiste marine*
Yeb Saño *Activiste*
Bittu Sahgal *Activiste environnementaliste, écrivain et fondateur de la Sanctuary Nature Foundation*
John Sauven *Directeur exécutif de Greenpeace Royaume-Uni*
Craig Bennett *PDG de Friends of the Earth (Les Amis de la Terre)*
Ruth Davis *Directrice adjointe des programmes mondiaux de la Royal Society for the Protection of Birds (RSPB)*
Rebecca Wrigley *Directrice générale de Rewilding Britain*
George Monbiot *Journaliste*

TABLE DES SIGLES

BGS : British Geological Survey, Institut d'études géologiques britannique.

CCC : Civilian Conservation Corp, Corps civil pour la protection de l'environnement (États-Unis).

Cide : Convention internationale des droits de l'enfant.

DAPL : Dakota Access Pipeline, pipeline Dakota Access.

EDF : Environmental Defense Fund, Fonds pour la défense de l'environnement (États-Unis).

EPA : Environmental Protection Agency, Agence fédérale de protection de l'environnement (États-Unis).

Fema : Federal Emergency Management Agency, Agence fédérale des situations d'urgence (États-Unis).

Giec : Groupe d'experts intergouvernemental sur l'évolution du climat.

IPBES : Intergovernmental Science-Policy Platform on Biodiversity and Ecosystem Services, Plateforme intergouvernementale scientifique et politique sur la biodiversité et les services écosystémiques.

Nasa : National Aeronautics and Space Administration, organisme officiel du gouvernement américain chargé de la recherche et de l'exploration spatiales, ainsi que des développements en matière de technique aéronautique.

Nepa : National Environmental Policy Act, loi nationale sur la politique environnementale (États-Unis).

Noaa : National Oceanic and Atmospheric Administration, Administration nationale des océans et de l'atmosphère (États-Unis).

NWF : National Wildlife Federation, Fédération nationale de la faune et de la flore sauvages (États-Unis).

NYA : National Youth Administration, Administration nationale de la jeunesse (États-Unis).

PHMSA : Pipeline and Hazardous Materials Safety Administration, Agence de sécurité des pipelines et des matières dangereuses (États-Unis).

PISFC : Pacific Islands Students Fighting Climate Change, Étudiants des îles du Pacifique en guerre contre le changement climatique.

WMO : World Meteorological Organization, Organisation météorologique mondiale.

REMERCIEMENTS

NAOMI

Je tiens d'abord à remercier Rebecca Stefoff, dont l'implication et le talent ont rendu cette collaboration si réjouissante. Ce livre n'aurait pas existé sans son regard aiguisé et sa minutie. Beaucoup des portraits inspirants de nos jeunes militants pour le climat ont été brossés par elle. Un grand merci à Anthony Arnove de nous avoir associées et d'avoir donné vie à ce projet. Je remercie également notre éditrice, Alexa Pastor, dont les conseils ont été précieux, Rajiv Sicora pour ses prodigieuses connaissances sur le climat et sa relecture attentive, Jackie Joiner pour sa coordination inébranlable, et Avi Lewis, mon partenaire en toutes choses. Ce livre s'appuie sur quinze années de recherches et d'écriture, ce qui m'enlève tout espoir de remercier comme il se doit tous ceux qui rendent et ont rendu mon travail possible : les scientifiques, les militants, les écrivains, les éditeurs, les agents, les amis. À la place, je voudrais remercier les jeunes lecteurs dont la curiosité, la valeur morale et l'amour pour l'environnement font ma joie et mon inspiration : Zoe, Aaron, Theo, Zev, Yoav, Zimri, Yoshi, Mika, Tillie, Levi, Nate, Eve, Arlo, Georgia, Miriam, Beatrice, Mavis, Leo, Nick, Adam, et, bien sûr, Toma, mon beau bonhomme des mers.

REBECCA

Je suis profondément reconnaissante à Naomi Klein – dont le travail m'inspire depuis si longtemps – et à Anthony Arnove de m'avoir permis de m'associer à ce livre. Je remercie également les équipes éditoriales d'Atheneum Books for Young Readers et tous ceux qui nous ont aidées à l'améliorer et à le diffuser au Canada et à l'étranger, ainsi que mon partenaire Zachary Edmonson, qui m'a toujours soutenue. Mais je tiens par-dessus tout à saluer la passion des jeunes militants pour le climat à travers le monde : ceux qui œuvrent déjà pour tout changer, et ceux qui ne vont pas tarder à les rejoindre.

NAOMI KLEIN est une journaliste d'investigation, essayiste engagée, auteure de best-sellers internationaux comme *No Logo*, *La Stratégie du choc*, *Tout peut changer*, *Dire non ne suffit plus* ou *Plan B pour la planète : le New Deal vert*. Correspondante du magazine en ligne *The Intercept*, elle est également chroniqueuse et reporter à *Rolling Stone*, *The Guardian* et *The Nation*. Elle est la première titulaire de la chaire Gloria Steinem ("Médias, culture et études féministes"), créée à l'université Rutgers. Elle a cofondé The Leap, une organisation qui lutte en faveur de la justice climatique (TheLeap.org).

REBECCA STEFOFF a publié ses premiers livres lorsqu'elle était à l'université et n'a pas cessé d'écrire depuis. Elle est l'auteure de nombreux ouvrages de non-fiction pour les enfants et les jeunes adultes, tant en sciences qu'en histoire. Elle a notamment adapté pour eux *L'Origine des espèces* de Charles Darwin. Ses livres offrent aux adolescents la possibilité d'explorer des sujets aussi variés que les fantômes, les robots, les bactéries, l'évolution, les grandes figures du féminisme, les ruines de la cité médiévale du Grand Zimbabwe, la criminologie médico-légale, etc. Elle vit à Portland, dans l'Oregon (États-Unis).

POUR EN SAVOIR PLUS

BIBLIOGRAPHIE

DIAVOLO, Lucy (dir.), *No Planet B: A Teen Vogue Guide to the Climate Crisis*, Chicago, Haymarket Books, à paraître.

MARGOLIN, Jamie, *Le Pouvoir aux jeunes*, préf. Greta Thunberg, Massot éditions, 2020.

NARDO, Don, *Planet Under Siege: Climate Change*, San Diego, Reference Point Press, 2020.

New York Times Editorial, *Climate Refugees*, New York, New York Times Educational Publishing, 2018.

THUNBERG, Greta, *Rejoignez-nous. #grevepourleclimat*, Kero, 2019.

RESSOURCES EN LIGNE POUR VOUS AIDER À ALLER DE L'AVANT

https://www.youtube.com/watch?v=KAJsdgTPJpU

Le discours enflammé de Greta Thunberg aux Nations unies, le 23 septembre 2019 (source : PBS Newshour).

https://www.youtube.com/watch?v=d9uTH0iprVQ

A Message from the Future

Un court-métrage d'animation résumant la crise climatique et imaginant la vie d'après et la naissance d'un New Deal vert; raconté par Alexandria Ocasio-Cortez; créé par Molly Crabapple, Avi Lewis et Naomi Klein.

https://www.youtube.com/watch?v=2m8YACFJlMg

A Message from the Future II: Years of Repair

Un court film d'animation et d'anticipation qui explore les conséquences, en 2023, d'une seconde pandémie mondiale et d'une série de catastrophes naturelles particulièrement violentes, à l'origine d'un grand soulèvement populaire et d'une révolution économique et sociale destinée à changer le monde, à construire une société meilleure et à guérir la planète.

https://www.youtube.com/watch?v=_h1JbSBqZpQ

Autumn Peltier and Greta Thunberg

Dans cette interview d'une demi-heure, Naomi Klein interroge les jeunes activistes Autumn Peltier et Greta Thunberg, au centre de deux documentaires au Festival international du film de Toronto en 2020 : *The Water Walker* et *I Am Greta*.

https://solutions.thischangeseverything.org/

La plateforme en ligne Beautiful Solutions partage des histoires, des idées et des valeurs relatives à la justice sociale et environnementale. On y trouve ainsi de nombreux portraits d'activistes de différentes nationalités – dont des jeunes – qui travaillent à défendre cette cause dans leur pays.

https://stopthemoneypipeline.com/

Stop the Money Pipeline est un mouvement qui dénonce la responsabilité de l'industrie des combustibles fossiles dans la crise climatique. Il s'efforce d'informer les gens sur l'origine de l'argent qui se cache derrière les projets énergétiques et de décourager les banques et autres institutions financières d'y participer.

https://leapmanifesto.org/en/the-leap-manifesto/

Le Leap Manifesto (ou "manifeste du bond en avant") est un appel à la démocratie énergétique, à la justice sociale et à une vie publique "fondée sur le souci de la planète et la sollicitude des uns envers les autres". Bien que la création de The Leap soit l'œuvre de représentants de peuples indigènes canadiens et d'activistes de nombreux mouvements de ce même pays, ce que défend ce mouvement est universel.

https://www.youtube.com/watch?v=kP5nY8lzURQ
Sink or Swim ("S'en sortir") est la vidéo (de 7 minutes) de la conférence TEDxYouth donnée par la jeune militante américaine Delaney Reynolds sur le changement climatique.

https://naomiklein.org/
Le site Web de Naomi Klein, avec des informations sur son travail de journaliste, ses livres et ses documentaires.

https://www.sunrisemovement.org/
Le site Web de Sunrise Movement, où trouver des informations sur les organisations environnementales actives dans votre région.

https://climatejusticealliance.org/workgroup/youth/
La page Web du groupe de travail "Jeunesse" du mouvement Climate Justice Alliance (Alliance pour la justice climatique).

https://www.earthguardians.org
Le site Web d'Earth Guardians (Gardiens de la Terre). Engagée en faveur de la diversité, cette organisation aide les jeunes du monde entier à devenir des leaders dans la lutte pour la justice environnementale, climatique et sociale.

http://thisiszerohour.org
Le site Web de Zero Hour, un mouvement de jeunes militants pour le climat, fondé en 2017 par Jamie Margolin, Nadia Nazar, Madelaine Tew et Zanagee Artis.

https://strikewithus.org/
Le site Web d'un front uni anticapitaliste, ouvrier et multiracial de jeunes gens engagés dans l'action pour le climat.

https://www.vice.com/en_us/article/8xwvq3/11-young-climate-justiceactivists-you-need-to-pay-attention-to-beyond-greta-thunberg
Un article en ligne faisant le portrait de jeunes militants pour la justice climatique, dont un certain nombre de jeunes activistes présentés dans ce livre.

S'ENGAGER DANS UNE ASSOCIATION QUI LUTTE CONTRE LE CHANGEMENT CLIMATIQUE

Fridays for Future fédère les mouvements de grève pour le climat dans le monde : https://fridaysforfuture.org

BELGIQUE

Les Amis de la Terre Belgique : https://www.amisdelaterre.be
CAN – Climate Action Network Europe : https://caneurope.org
Extinction rébellion Belgique : https://www.extinctionrebellion.be
Greenpeace Belgium : https://www.greenpeace.org/belgium/fr
Oxfam Belgique : https://www.oxfam.be
Rise for climate Belgium : https://riseforclimatebelgium.eu
Students for Climate : https://www.studentsforclimate.be
Youth for Climate Belgique : https://youthforclimate.be/fr/

FRANCE

Acteurs du Paris durable : https://www.acteursduparisdurable.fr
Alternatiba : https://alternatiba.eu
Les Amis de la Terre France : https://www.amisdelaterre.org
La base : https://labase.paris
La Base Marseille : https://labasemarseille.org

CliMates : https://www.weareclimates.org
Little Citizens for Climate : https://www.littlecitizensforclimate.org/
Extinction rébellion France : https://extinctionrebellion.fr
Génération Climat : http://www.generation-climat.org
Greenpeace France : https://www.greenpeace.fr
Grève mondiale pour le climat : https://fr.globalclimatestrike.net
JAC - Jeunes Ambassadeurs pour le Climat : https://jac-asso.fr
Notre affaire à tous : https://notreaffaireatous.org
Oxfam France : https://www.oxfamfrance.org/climat-et-energie/
Planète Healthy : https://planetehealthy.com
REFEDD – REseau Français Étudiant pour le Développement Durable : https://refedd.org
WARN ! – We are ready now ! : https://www.wearereadynow.net
Youth for Climate France : https://youthforclimate.fr
Zero Waste France : https://www.zerowastefrance.org

QUÉBEC

ENJEU – ENvironnement JEUnesse : https://enjeu.qc.ca
Extinction rébellion Canada : https://extinctionrebellion.ca

SUISSE

Alliance climatique suisse : https://www.klima-allianz.ch/fr/contact/
Climate Strike Suisse : https://www.climatestrike.ch/fr
EDD – Étudiant.e.s pour le développement durable : https://www.unige.ch/asso-etud/edd/
Extinction rébellion Suisse : https://www.xrebellion.ch/fr/about/
Swiss Youth for Climate : https://fr.syfc.ch/

SOURCES

CHAPITRE 1

Naomi Klein, *Plan B pour la planète : le New Deal vert*, Actes Sud, 2019.

https://www.theguardian.com/commentisfree/2019/sep/23/world-leaders-generation-climate-breakdown-greta-thunberg
https://time.com/collection-post/5584902/greta-thunberg-next-generation-leaders/
https://skepticalscience.com/animal-agriculture-meat-global-warming.htm
https://unfoundation.org/blog/post/5-things-to-know-about-greta-thunbergs-climate-lawsuit/
https://www.usatoday.com/story/news/world/2019/09/26/meet-greta-thunberg-young-climate-activists-filed-complaint-united-nations/2440431001/
https://earthjustice.org/blog/2019-september/greta-thunberg-young-people-petition-UN-human-rights-climate-change/

CHAPITRE 2

Naomi Klein, *Plan B pour la planète : le New Deal vert*, Actes Sud, 2019.
—, *Tout peut changer. Capitalisme et changement climatique*, Actes Sud, 2015.

https://www.newsweek.com/record-hit-ice-melt-antarctica-day-climate-emergency-1479326

https://www.theguardian.com/world/2019/dec/29/moscow-resorts-to-fake-snow-in-warmest-december-since-1886
https://www.theguardian.com/commentisfree/2019/dec/20/2019-has-been-a-year-of-climate-disaster-yet-still-our-leaders-procrastinate
https://www.vox.com/2019/12/30/21039298/40-celsius-australia-fires-2019-heatwave-climate-change
https://insideclimatenews.org/news/31102018/jet-stream-climate-change-study-extreme-weather-arctic-amplification-temperature
https://350.org/press-release/1-4-million-students-across-the-globe-demand-climate-action/
https://www.climate.gov/news-features/understanding-climate/climate-change-global-temperature
https://www.businessinsider.com/greenland-ice-melting-is-2070-worst-case-2019-8
https://www.ncdc.noaa.gov/news/what-paleoclimatology
https://www.giss.nasa.gov/research/features/201508_slushball
https://climate.nasa.gov/nasa_science/science/
https://nas-sites.org/americasclimatechoices/more-resources-on-climate-change/climate-change-lines-of-evidence-booklet/evidence-impacts-and-choices-figure-gallery/figure-9/
https://www.theguardian.com/environment/2019/nov/27/climate-emergency-world-may-have-crossed-tipping-points
https://www.ipcc.ch/sr15/chapter/spm/
https://insideclimatenews.org/news/19022019/arctic-bogs-permafrost-thaw-methane-climate-change-feedback-loop
https://www.climate.gov/news-features/understanding-climate/climate-change-global-sea-level
https://www.climate.gov/news-features/understanding-climate/climate-change-global-temperature
https://climateactiontracker.org/global/cat-thermometer/
https://www.ncdc.noaa.gov/sotc/global/201911
https://www.climaterealityproject.org/blog/why-15-degrees-danger-line-global-warming

https://www.reuters.com/article/us-palmoil-deforestation-study/palm-oil-to-blame-for-39-of-forest-loss-in-borneo-since-2000-study-idUSKBN1W41HD
https://oceanservice.noaa.gov/facts/acidification.html
https://www.npr.org/sections/thesalt/2018/06/19/616098095/as-carbon-dioxide-levels-rise-major-crops-are-losing-nutrients
https://climate.nasa.gov/evidence/
https://journals.ametsoc.org/doi/10.1175/BAMS-D-16-0007.1
https://earthobservatory.nasa.gov/features/GlobalWarming/page3.php
https://www.eia.gov/tools/faqs/faq.php?id=73&t=1

CHAPITRE 3

Naomi Klein, *La Stratégie du choc. La montée d'un capitalisme du désastre*, Actes Sud, 2008.
—, *Dire non ne suffit plus. Contre la stratégie du choc de Trump*, Actes Sud, 2017.
—, *Tout peut changer. Capitalisme et changement climatique*, *op. cit.*
—, "Only a Green New Deal Can Douse the Fires of Eco-Fascism" (https://theintercept.com/2019/09/16/climate-change-immigration-mass-shootings/)

https://www.greenpeace.org.uk/news/black-history-month-young-climate-activists-in-africa/
https://www.nobelprize.org/prizes/peace/2004/maathai/biographical/
https://www.bloomberg.com/graphics/2019-can-renewable-energy-power-the-world/
https://wagingnonviolence.org/2016/03/how-montanans-stopped-otter-creek-mine-coal-in-north-america/
https://theintercept.com/2019/09/16/climate-change-immigration-mass-shootings/
https://www.huffpost.com/entry/naomi-klein-climate-green-new-deal_n_5e0f66e4e4b0b2520d20b7a5

https://lareviewofbooks.org/article/against-climate-barbarism-a-conversation-with-naomi-klein/
https://theintercept.com/2019/09/16/climate-change-immigration-mass-shootings/
https://www.theguardian.com/environment/2016/oct/26/oil-drilling-underway-beneath-ecuadors-yasuni-national-park
https://news.mongabay.com/2019/07/heart-of-ecuadors-yasuni-home-to-uncontacted-tribes-opens-for-oil-drilling/

CHAPITRE 4

Naomi Klein, *Tout peut changer, op. cit.*

https://www.egr.msu.edu/~lira/supp/steam/wattbio.html
http://ipod-ngsta.test.nationalgeographic.org/thisday/dec4/great-smog-1952/
https://www.history.com/news/the-killer-fog-that-blanketed-london-60-years-ago
https://www.usatoday.com/story/news/world/2016/12/13/scientists-say-theyve-solved-mystery-1952-london-killer-fog/95375738/
https://theculturetrip.com/europe/united-kingdom/england/london/articles/london-fog-the-biography/

CHAPITRE 5

Naomi Klein, *Tout peut changer, op. cit.*
—, *Plan B pour la planète : le New Deal vert, op. cit.*

https://www.teenvogue.com/gallery/8-young-environmentalists-working-to-save-earth
https://www.sanclementetimes.com/ground-san-clemente-high-school-environmental-club-gets-ready-new-year/
https://acespace.org/people/celeste-tinajero/
http://miamisearise.com/
https://www.scientificamerican.com/article/exxon-knew-about-climate-change-almost-40-years-ago/

https://www.theguardian.com/commentisfree/2020/jan/20/big-oil-congress-climate-change
https://thebulletin.org/2019/12/fossil-fuel-companies-claim-theyre-helping-fight-climate-change-the-reality-is-different/
https://insideclimatenews.org/content/Exxon-The-Road-Not-Taken
https://www.ucsusa.org/sites/default/files/attach/2015/07/The-Climate-Deception-Dossiers.pdf
https://www.thenation.com/article/exxon-lawsuit-climate-change/
https://www.bloomberg.com/news/articles/2019-09-12/houston-ship-channel-partially-shut-by-greepeace-protestors
https://www.greenpeace.org/usa/meet-the-brave-activists-who-shut-down-the-largest-fossil-fuel-ship-channel-in-the-us-for-18-hours/
https://www.theguardian.com/us-news/2019/nov/23/harvard-yale-football-game-protest-fossil-fuels
https://www.theguardian.com/business/2020/jan/15/harvard-law-students-protest-firm-representing-exxon-climate-lawsuit
https://www.independent.co.uk/news/uk/home-news/extinction-rebellion-shell-aberdeen-protest-climate-crisis-xr-a9286331.html

CHAPITRE 6

Naomi Klein, *Tout peut changer, op. cit.*

https://www.cbc.ca/news/business/enbridge-northern-gateway-agm-1.512878
http://priceofoil.org/2016/07/01/victory-for-first-nations-in-northern-gateway-fight/
https://insideclimatenews.org/news/03052018/enbridge-fined-tar-sands-oil-pipeline-inspections-kalamazoo-michigan-dilbit-spill
https://www.cer-rec.gc.ca/en/safety-environment/industry-performance/safety-performance-dashboard/
https://www.npr.org/2018/11/29/671701019/2-years-after-standing-rock-protests-north-dakota-oil-business-is-booming

https://psmag.com/magazine/standing-rock-still-rising
https://theintercept.com/2017/05/27/leaked-documents-reveal-security-firms-counterterrorism-tactics-at-standing-rock-to-defeat-pipeline-insurgencies/
https://www.nytimes.com/interactive/2016/11/23/us/dakota-access-pipeline-protest-map.html
https://www.phmsa.dot.gov/
https://earther.gizmodo.com/this-14-year-old-standing-rock-activist-got-a-spotlight-1823522166
https://www.billboard.com/articles/events/oscars/8231872/2018-oscars-andra-day-common-marshall-performance-activists-who-are-they
https://www.ourchildrenstrust.org/juliana-v-us
https://static1.squarespace.com/static/571d109b04426270152febe0/t/5e22508873d1bc4c30fad90d/1579307146820/Juliana+Press+Release+1-17-20.pdf
https://www.theatlantic.com/science/archive/2020/01/read-fiery-dissent-childrens-climate-case/605296/
https://time.com/5767438/climate-lawsuit-kids/
https://www.businessinsider.com/juliana-vs-united-states-kids-climate-change-case-dismissed-2020-1
http://ourislandsourhome.com.au/
https://www.theguardian.com/australia-news/2019/may/13/torres-strait-islanders-take-climate-change-complaint-to-the-united-nations
https://www.businessinsider.com/torres-strait-islanders-file-un-climate-change-complaint-against-australian-government-2019-5

CHAPITRE 7

Naomi Klein, *Tout peut changer*, *op. cit.*
—, *Plan B pour la planète : le New Deal vert*, *op. cit.*
—, *The Battle for Paradise: Porto Rico Takes on the Disaster Capitalists*, Chicago, Haymarket Books, 2018.

https://www.theguardian.com/environment/2019/apr/03/a-natural-solution-to-the-climate-disaster
https://www.globalccsinstitute.com/resources/global-status-report/
https://www.virgin.com/content/virgin-earth-challenge-0
https://www.sciencedirect.com/science/article/pii/S1876610217317174
https://blogs.ei.columbia.edu/2018/11/27/carbon-dioxide-removal-climate-change/
https://www.treehugger.com/environmental-policy/environmentalists-call-carbon-capture-and-storage-forests.html
https://www.ipcc.ch/sr15/
https://www.themanufacturer.com/articles/carbon-capture-and-storeage-takes-a-step-forward/
https://horizon-magazine.eu/article/storing-co2-underground-can-curb-carbon-emissions-it-safe.html
https://www.nationalgeographic.com/environment/2019/07/how-to-erase-100-years-carbon-emissions-plant-trees/
https://www.bgs.ac.uk/science/CO2/home.html
https://science.sciencemag.org/content/365/6448/76
https://www.technologyreview.com/s/614025/geoengineering-experiment-harvard-creates-governance-committee-climate-change/
https://www.scientificamerican.com/article/risks-of-controversial-geoengineering-approach-may-be-overstated/
https://www.iflscience.com/environment/bill-gatesbacked-controversial-geoengineering-test-moves-forward-with-new-committee/
https://www.salon.com/2020/01/14/why-solve-climate-change-when-you-can-monetize-it/
https://www.nationalgeographic.com/environment/oceans/dead-zones/
https://www.sciencedaily.com/releases/2012/06/120606092715.htm
https://www.businessinsider.com/elon-musk-spacex-mars-plan-timeline-2018-10

https://www.popularmechanics.com/science/a30629428/rand-paul-climate-change-terraform-planets/
https://www.vice.com/en_us/article/8xwvq3/11-young-climate-justice-activists-you-need-to-pay-attention-to-beyond-greta-thunberg
https://www.umass.edu/events/workshop-student-leadership
https://solutions.thischangeseverything.org/module/rebuilding-greensburg,-kansas
https://www.usatoday.com/story/news/greenhouse/2013/04/13/greensburg-kansas/2078901/
https://www.kshs.org/kansapedia/greensburg-tornado-2007/17226
https://www.kansas.com/news/weather/tornado/article147226009.html
https://www.kwch.com/content/news/Greensburg--420842963.html
https://www.usgbc.org/articles/rebuilding-and-resiliency-leed-greensburg-kansas

CHAPITRE 8

Naomi Klein, *Plan B pour la planète : le New Deal vert, op. cit.*
—, *Tout peut changer, op. cit.*

https://web.stanford.edu/class/e297c/poverty_prejudice/soc_sec/hgreat.htm
https://www.theatlantic.com/ideas/archive/2019/03/surprising-truth-about-roosevelts-new-deal/584209/
https://www2.gwu.edu/~erpapers/teachinger/glossary/nya.cfm
https://livingnewdeal.org/creators/national-youth-administration/
https://history.state.gov/milestones/1945-1952/marshall-plan
https://solutions.thischangeseverything.org/module/buen-vivir
https://www.theguardian.com/sustainable-business/blog/buen-vivir-philosophy-south-america-eduardo-gudynas
https://www.history.com/topics/great-depression/civilian-conservation-corps

CHAPITRE 9

Naomi Klein, *Plan B pour la planète : le New Deal vert*, *op. cit.*

https://www.campaigncc.org/schoolresources
https://edsource.org/2019/teachers-and-students-push-for-climate-change-education-in-california/618239
https://www.scientificamerican.com/article/some-states-still-lag-in-teaching-climate-science/
https://www.studyinternational.com/news/climate-change-education-schools/
https://www.nytimes.com/2019/11/05/world/europe/italy-schools-climate-change.html
https://www.nbcnews.com/news/world/global-climate-strike-protests-expected-draw-millions-n1056231
https://www.buzzfeednews.com/article/zahrahirji/climate-strike-greta-thunberg-fridays-for-future
https://climatecommunication.yale.edu/publications/consumer-activism-global-warming/
https://www.commondreams.org/news/2020/02/03/divestment-fever-spreads-eco-radicals-goldman-sachs-downgrade-exxon-stock-sell
https://350.org/press-release/global-fossil-fuel-divestment-11t/
https://www.democracynow.org/2019/12/12/cop25_vanessa_nakate_uganda
https://www.nationalgeographic.com/news/2017/03/felix-finkbeiner-plant-for-the-planet-one-trillion-trees/
https://www.plant-for-the-planet.org/en/home
https://www.reuters.com/article/us-climate-change-un-youth/young-climate-activists-seek-step-up-from-streets-to-political-table-idUSKBN1W60OD
https://www.businessinsider.com/youngest-politicians-around-world-2019-3#senator-jordon-steele-john-elected-in-2017-at-the-age-of-22-is-currently-the-youngest-member-of-australias-parliament-he-is-also-the-first-with-a-disability

https://www.reuters.com/article/us-climate-change-un-youth/young-climate-activists-seek-step-up-from-streets-to-political-table-idUSKBN1W60OD
http://www.wansolwaranews.com/2019/08/09/law-students-push-for-urgent-advisory-opinion-as-climate-fight-gains-momentum/
http://www.sciencenewsforstudents.org/article/using-art-show-climate-change-threat
https://willamettepartnership.org/honoring-our-rivers-fledges-the-nest/

CONCLUSION

Naomi Klein, *Plan B pour la planète : le New Deal vert, op. cit.*
—, *Tout peut changer, op. cit.*

CRÉDITS PHOTO

p. 10, Toby Hudson, Wikimedia, CCA-SA 3.0
p. 11, Sergio Llaguno/Dreamstime.com
p. 14-21, Holli/Shutterstock
p. 26, Anders Hellberg, Wikimedia, CCA-SA 4.0
p. 30, Mark Lennihan/AP/Shutterstock
p. 34 (gauche et droite), Nasa
p. 40, eyecrave/iStock
p. 48-49 USG
p. 61, ioerror, Flickr/Wikimedia, CCA-SA 2.0
p. 78, Avi Lewis
p. 95, Danita Delimont/Alamy Stock Photo
p. 100-107, Alan Tunnicliffe/Shutterstock
p. 114, VectorMine/iStock
p. 117, NT Stobbs, Wikimedia, CCA-SA 2.0
p. 125, Stinger/Alamy Stock Photo
p. 141, Joe Sohm/Dreamstime.com
p. 145, Johnny Silvercloud, Wikimedia, CCA-SA 2.0
p. 157, The Interior, Wikimedia, CCA-SA 3.0
p. 158, UPI/Alamy Stock Photo
p. 164, Arindam Banerjee/Dreamstime.com
p. 168, VW Pics via AP Images
p. 180-229, Sipa USA via AP Images
p. 186, Peabody Energy, Wikimedia, CCA-SA 4.0
p. 196, Rikitikitao/Dreamstime.com
p. 203, Casa Pueblo
p. 214, Michael Adams, Wikimedia, CCA-SA 4.0
p. 221, Franklin D. Roosevelt Library and Museum
p. 247, Paul Wamala Ssegujja, Wikimedia, CCA-SA 4.0
p. 250, Victoria Kolbert, Wikimedia, CCA-SA 4.0
p. 254, Tania Malréchauffé/Unsplash
p. 265, Alexandros Michailidis/Shutterstock
p. 268, Edwin Hooper/Unsplash
p. 270, Alan Novelli/Alamy Stock Photo

TABLE

III

ET APRÈS ?

OUVRAGE RÉALISÉ PAR CURSIVES À PARIS
REPRODUIT ET ACHEVÉ D'IMPRIMER
EN MARS 2021
PAR L'IMPRIMERIE NORMANDIE ROTO IMPRESSION S.A.S. À LONRAI
POUR LE COMPTE DES ÉDITIONS ACTES SUD
LE MÉJAN
PLACE NINA-BERBEROVA
13200 ARLES

DÉPÔT LÉGAL
1re ÉDITION : AVRIL 2021
N° impr. :2100923
(Imprimé en France)